流程管理风暴

EBPM方法论及其应用

| 第2版 |

ELEMENT
BASED

PROCESS
MANAGEMENT

王 磊 孟玲娜 高 巍 熊 韧 张 炬 | 编著

机械工业出版社

CHINA MACHINE PRESS

正如这个大千世界的构成元素可以浓缩成一张元素周期表一样，看似错综复杂的企业管理体系也是由一套基本的"管理要素"构成的。本书的 EBPM 方法论探讨了将企业内部的管理体系解构成一套基本的"管理要素"，然后再将这些要素以"业务流程"为纽带重构成"一体化""结构化""精益化"管理体系的理论和方法。针对每一类要素的意义以及方法论的实施，书中给出了大量的实践案例，文字活泼易懂，分析深入浅出，读后让人跃跃欲试。

EBPM 方法论理念新颖、论证严谨，很多观点颠覆了人们对管理体系和业务流程的传统认知，展现了一个独特和科学的新视角。它是企业在数字化时代构建管理体系的有效方法，将在企业管理实践上带来重大变革。

本书适合企业中高级管理人员、管理咨询行业从业人员、大学管理类专业相关人员阅读，是极具实操性的实践指南。

图书在版编目（CIP）数据

流程管理风暴：EBPM 方法论及其应用 / 王磊等编著. —2 版. —北京：机械工业出版社，2024.2（2025.4 重印）
ISBN 978-7-111-74411-5

Ⅰ.①流…　Ⅱ.①王…　Ⅲ.①企业管理-业务流程　Ⅳ.①F272

中国国家版本馆 CIP 数据核字（2023）第 236128 号

机械工业出版社（北京市百万庄大街 22 号　邮政编码 100037）
策划编辑：赵小花　　　　　　责任编辑：赵小花
责任校对：马荣华　李小宝　　责任印制：刘　媛

涿州市般润文化传播有限公司印刷

2025 年 4 月第 2 版 • 第 3 次印刷
169mm×239mm • 11.5 印张 • 1 插页 • 215 千字
标准书号：ISBN 978-7-111-74411-5
定价：69.00 元

电话服务　　　　　　　　　网络服务
客服电话：010-88361066　　机　工　官　网：www.cmpbook.com
　　　　　010-88379833　　机　工　官　博：weibo.com/cmp1952
　　　　　010-68326294　　金　书　网：www.golden-book.com
封底无防伪标均为盗版　机工教育服务网：www.cmpedu.com

推 荐 序

今天，每一位认真的企业家都会重视企业的业务流程管理，很多企业甚至有一个专职的业务流程管理部。但是，不少企业家摸不到业务流程管理的产出，因而会对业务流程管理的投入产生迷茫。有些企业家在谈到业务流程管理时会不由自主地想起"鸡肋的故事"，食之无味，弃之可惜。如果您有同样的感受，用心读一下放在您面前的这本书，一定会有意想不到的收获。

假如将企业比作人体的话，企业的业务流程就是人体的神经。人体的神经系统是一张布满全身的网络，传递信息，指挥着人体的各种运动。人体不会有意识地感受到神经的存在，除非遭遇病痛时，才会体会到疼的感觉。同样，企业在正常情况下也不会感受到业务流程的存在和运作。业务流程一旦被确认甚至被固化在企业的信息系统中，就悄无声息地决定着企业的各种活动。企业家只有在企业某个环节重复出现相同的错误时，才可能想起要检查企业的业务流程。

其实，企业家管理企业的业务流程远比医生诊治人体的神经系统来得复杂。人体的神经在医学院的解剖台上是看得见的，在所有的医学解剖书中的模样是相同的，而企业的业务流程确实是无形无踪的。传统的作坊中，流程的传承全靠言传身教、师傅带徒弟。现代的管理学家纷纷开发了不同的模型和方法，希望能将企业众多的业务流程全面、系统、有效地呈现到企业管理者和流程操作者的眼前。本书的作者，在深入研究德国 BPM 专家奥古斯特-威廉·希尔（August-Wilhelm Scheer）教授 ARIS 模型的基础上，结合十余年来在中国的实践经验，自主研发了一套 EBPM 模型。这套模型从管理要素出发，从多个视角描述业务流程，为业务流程的精益管理提供了必要的前提。

"理清楚"是每位有追求的企业家应该做好的功课。"理清楚"的目的是为了"管起来"。医生比企业家幸运得多，因为只要神经系统正常，人体的运动便协调无误，企业则不同。一个企业有了世上最完美的流程，却仍然不能保证其活动是完美的。企业流程的终端除了设备和计算机系统，还有人，这一点甚至不会因为人工智能的革命性进展而发生本质上的改变。人接受流程指令的唯一方式是阅读相关的规章制度，铭记于心并付诸行动。问题是，目前企业中的规章制度堆积如山，一线员工根本不可能全部熟读乃至烂记于心。本书作者开发的 EBPM 系统通过管理要素分解的方法，将散落在各种流程和规章制度中的操作要求和一线员工有机地联系在一起，保证他们只需阅读最基本的文字，就能明确自己的工作要求，从而大大提高员工执行工作的正确性。

"理清楚"是为了"管起来"，"管起来"以后还要"持续优化"。在目前全球数字化的浪潮中，企业流程的运作环境不断发生变化，甚至是革命性的变化，企业相应的流程管理也必须跟上潮流。大数据、人工智能和流程机器人纷纷被提上企业业务流程管理的日程。本书介绍的 EBPM 平台结合了流程设计、流程实施、流程监控和流程优化，形成了业务流程管理的完整闭环。在目前数字化的大讨论中，人们关注的重点往往是商业模式创新、人工智能及工业互联网，但是最终都会落到企业内部的业务流程管理数字化创新上来。

对一位追求成功的企业家来说，仅关注业务流程管理是不够的，因为影响企业成功的因素还有很多。业务流程管理不是万能的，但是有一点是肯定的，那就是没有业务流程管理是万万不能的。当您读完这本书时，我相信您也会同意这种看法。

洪中　博士
德国赢创工业集团原高级副总裁
IT 战略、流程和架构部总经理

第2版前言

PREFACE

数字化时代，用数据加模型来驱动企业的运营，已经成为企业管理数字化转型的必由之路。本书全面介绍了基于 26 类要素构建一套以流程为纽带的一体化管理体系模型的方法，第 1 版自 2019 年出版后受到了很大的关注，反响热烈，很多企业基于这套方法进行了实践并获得了很好的成效。

同时，我们在三年多的实践过程中也发现其中一些模型构建方法需要优化，有些新的要素需要增加。

"场景"和"授权"这两个要素可以合并为"场景"这一类要素。实践发现这两类要素相似性很高，合并为一类要素后，构建管理体系模型时更为高效。

"战略目标"和"关键成功因素"合并为"战略目标"这一类要素，2022 年出版的《流程优化风暴：企业流程数字化转型从战略到落地》中详细介绍了合并后的 <战略目标解码模型> 的构建原理和方法。

"规则视图"中新增了"知识"这一新的要素，以适应企业知识管理的需求，并将"规则视图"更名为"文件视图"。

"数据视图"中新增了"数据"这一要素，从而可以构建"战略目标、绩效、流程、记录、系统、数据"这些要素间的关联模型，以适应数字化时代数据治理的管理需求。

这样，最新的 EBPM 管理要素架构仍由 26 类管理要素构成，分别如下。

- ➤ 战略视图：战略目标、商业模式、价值链、服务树、业务能力、管控模式。
- ➤ 组织视图：组织、职责、角色、场景。
- ➤ 功能视图：事件、活动、风控、系统。
- ➤ 数据视图：绩效、记录、术语、数据。
- ➤ 文件视图：制度、标准、程序、指导、知识。
- ➤ 流程视图：端到端流程、职能流程、作业流程。

管理要素的优化和调整，必然会对一体化模型的构建带来影响。因此决定修订再版。

EBPM 方法论的理论源于德国流程管理大师希尔教授（Prof. Scheer），具体内容是国内外几百家企业管理实践的总结、提炼和创新。还是那句话，EBPM 方法论还处在不断发展的阶段，第 2 版的出版是 EBPM 方法论的又一个逗号，离句号还有很长的路要走，愿与您继续同行！

王　磊

2023 年 11 月 2 日于上海古北

第1版前言

1998 年，我供职于一家中美合资的纸业公司。那年春天，在生产总监 Glenn Taylor 先生的力主之下，公司决定实施一套 ERP 系统。作为他的助理，我被任命为项目经理。不曾想，Taylor 先生的这一决定，直接改变了我之后的人生，也成为本书的缘起。

原本以为实施一套 IT 系统就是个技术活，一上手才发现自己竟然卷入了企业管理的"漩涡"中。作为刚入职场不久的菜鸟，我天天奔走在企业最高层、部门主管和一线员工之间，不停地进行调研、访谈、解释、说明、培训和协调，投入在这些事项上的精力和时间，远远超过系统配置、数据准备和系统测试。幸好，系统终于成功上线了。而对我个人而言，过程虽很艰辛，但收获也是丰厚的。

因为这个项目，我与公司内部几乎所有部门的人都有了密切接触。于是，市场部的一位员工成了我的太太。

因为这个项目，我发现原来世上还有 ERP 顾问这一有趣且收入不错的工作。于是，我转换了职业轨道。

因为这个项目，我深深体会到，企业实施信息化管理系统时，IT 系统本身先进与否固然重要，但更重要的是系统中是否运行着一套适宜的流程，数据是否准确。那么，如何设计一套好的流程呢？切身的项目经历告诉我，照搬 ERP 系统中的流程最多只能算作权宜之计，但绝不是最终的解决方案。更何况，ERP 系统中的流程并不是企业管理的全部。工科生出身的我，总在思考是否可以制定一套业务流程的设计规范和方法。

供职于 SAP 公司期间，我有幸接触到了 ARIS 这一企业管理体系建模和分析的工具，很快就被其理念所吸引。于是，在我们团队实施的 SAP 项目中，我都积极建议采用 ARIS 作为业务蓝图的设计工具。用 ARIS 进行设计、用 SAP 进行信息化落地的这套组合方案，在很多项目中得到了应用，取得了不错的成效，但也遇到了不少的问题和挑战。

最大的挑战是 ARIS 作为建模工具很强大，功能也非常丰富，但应该如何选用其中各种各样的模型对象，如何制定设计规范，如何构建科学合理的业务流程乃至整个管理体系模型，ARIS 中并没有提供一套完整的实践方法。

之后，我加入了 ARIS 的原厂商 IDS Scheer 中国公司，作为副总裁负责其咨询业务。在此期间，ARIS 在中国的应用也越来越深入，并且不再局限于 SAP 项目，它开始被越来越多的企业作为独立的工具用来构建企业的管理体系。然而，没有一套完整的实践方法一直是其亟待解决的一个问题。

2009 年，在 IDS Scheer 公司被德国 Software AG 公司并购后，我与部分原 IDS Scheer 中国区的同仁一起创办了上海博阳精讯信息科技有限公司（简称：博阳精讯），继续致力于相关实践方法的研究和探索。近 10 年来，我们研究的范围也不再局限于 ARIS 应用，而是扩大到"如何基于管理要素构建一套结构化、一体化和精益化的企业管理体系模型"，以及"如何基于这套模型实现企业管理体系的全生命周期管理"这两个命题上。

经过近 10 年的反复实践、提炼、验证和修正，一套完整的方法论逐步成形了，即所谓的 EBPM 方法论。关于此方法论的部分内容也不断地以文章和培训视频的方式在网上发布。很多客户和同仁呼吁我们尽快将这套方法论进行系统的整理并出版。我也很想尽快完成此事，但总是忙这忙那的，始终没有启动。

在一次业界的交流会上，我讲解了 EBPM 方法论的部分内容，碰巧机械工业出版社的编辑也在现场，她也建议我尽快将这套方法论整理出版。于是，我终于下定决心，静下心来梳理和总结近 10 年来的所得，完成了本书的编著工作。

EBPM 方法论阐述的是一套从"管理要素"这个构成企业管理体系的最基本单位切入，来构建"结构化""一体化"和"精益化"管理体系的实践方法。流程管理体系是整个管理体系的一个重要组成部分，起到了关联各类要素的纽带作用。EBPM 方法论给出了具体的操作路径、构建规则和方法。提炼 EBPM 方法论时，不受工具平台的功能限制，只追求理论和方法上的最佳方案。所以，EBPM 方法论的实践应用并不要求一定要采用某个特定的工具平台，只要能支撑这些理念、规则和方法的落地即可。

希望随着本书的出版，能进一步促进 EBPM 方法论的交流、应用和完善。在此，要感谢博阳精讯众多的客户，由于你们的认可和实践，促成了 EBPM 方法论的诞生和成长。还要感谢博阳精讯的咨询顾问们，由于你们在项目中的不断探索和创新，促成了 EBPM 方法论的完善。尤其要感谢李笋女士在绩效管理体系上的构建，高骏雄先生在流程还原技术方面的建设，何荣辉先生在流程的监控分析这些方面提供的方案和案例。

EBPM 方法论还处在不断发展的阶段，本书的出版仅是对过去 10 年成果的小结，方法论中的某些理念、规则或方法可能还有不妥之处，期待大家的批评和指正。

总之，本书的出版只是 EBPM 方法论的一个逗号，离句号还有很长的路要走，愿与您同行！

王 磊
2018 年 12 月 8 日于上海古北

CONTENTS 目录

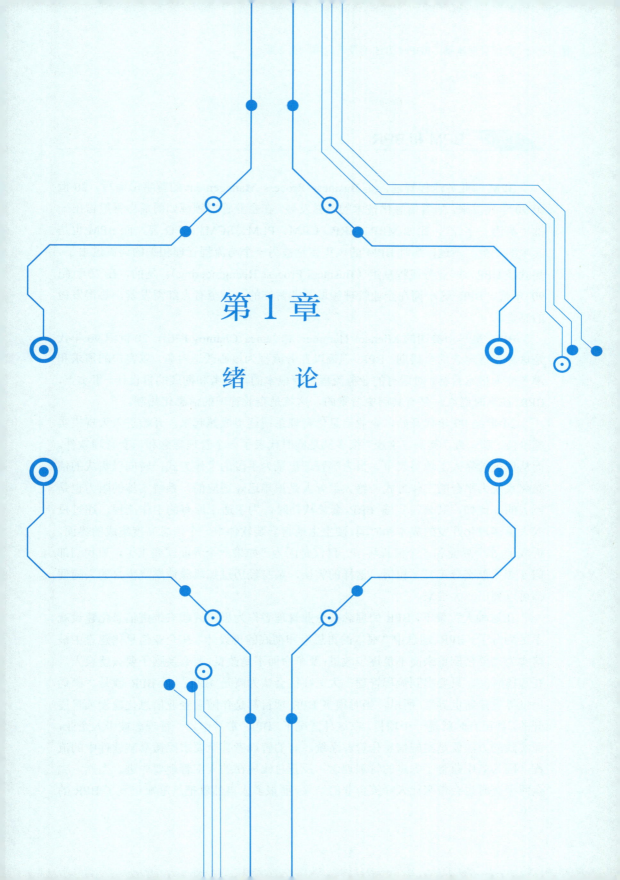

第1章

绪　论

1.1 **BPM 和 BPR**

BPM 即业务流程管理，是 **Business Process Management** 的首字母缩写。20 世纪 90 年代以来，随着信息化技术的迅猛发展，在企业管理领域如雨后春笋般冒出一批"英语三字经"，比如 MRP、ERP、CRM、PLM、SCM、APO 等，而 BPM 也是其中的一员。不过，那时 BPM 的风头完全被另一个与流程管理相关的词盖过去了，那就是 BPR，即业务流程重组（**Business Process Reengineering**）。是的，在 20 世纪 90 年代，BPR 这个词在企业管理领域是非常红的，甚至有点红得发紫、热得发烫的感觉。

BPR 最早由美国的 Michael Hammer 和 James Champy 提出，20 世纪 90 年代是这种管理理念的全盛期。BPR 强调以业务流程为核心改造对象，以客户的需求和满意度为根本目标，对现有的业务流程进行根本的再思考和彻底的再设计。事实上，BPR 在当时爆红，是有其历史背景的，这就是企业管理的信息化热潮。

20 世纪 90 年代开始，企业信息化管理系统逐步成熟起来，开始进入大规模实施阶段。那一批"英语三字经"很多都是同时代表了一个管理理念和一套管理软件。而从传统的靠人工填写表单、报表等管理记录为手段的工作方式，转向以集成的信息化系统为平台的工作方式，绝大部分人是很难迅速适应的，系统实施的阻力也是巨大的。比如，某公司实施 ERP 套装软件时，为了适应原有的工作流程，通过投入大量客户化开发的成本和时间，硬生生地将套装软件中一个信息高度集成的界面，拆成了 5 个界面和 5 个流程环节，仅仅是因为"如果一个界面就完工了，那我们部门 5 个人怎么分工？"。相信，这样的笑谈，亲身经历过那段激情燃烧岁月的人随便都可以列出一大堆来。

在这种大背景下，BPR 的理念被企业管理者作为思想武器来推进信息化建设就不足为奇了。BPR 理念中"根本的再思考和彻底的再设计"在企业信息化建设中被落实为："要推倒重来而不是逐步改进；要革命而不是改良；要么换脑子要么就换人"。在那段时间，只要提到流程管理，大家往往会认为就是 BPR；而 BPR 就是"砸烂旧世界重建新世界"。所以，当时很多 BPR 项目都是伴随着企业信息化建设项目展开的，甚至有时就是一个项目。在这种情况下，BPR 常常作为一种理念被引入企业，而实践的方法就是实施信息化管理系统。有的管理者甚至要求照搬套装软件中的流程，因为其中蕴含了先进的管理理念，反正总比现在的人工管理要先进。当然，完全照搬有时也会带来让人啼笑皆非的结果，而很多人自然就把这笔账记到了 BPR 的头上。所以，BPR 的理念在当时是褒贬不一的，甚至有很大的争议。几十年来，随着大部分企业逐步完成了管理信息化系统的初步构建，BPR 这个词也慢慢归于平静，而 BPM 的理念和方法却越来越多地被人们提及和重视。

对企业来说，从人工管理体系切换到信息化管理体系，将其称为一场"变革"甚至是一场"革命"确实也不为过。但是，"革命"之后呢？企业信息化管理系统上线之后该如何长治久安、持续优化呢？这正是 BPM 的理念和方法要解决的问题。这也是 BPM（即业务流程管理）的理念和方法被企业管理者们越来越多地想到并提及的原因之一。总不能还是天天想着"砸烂旧世界重建新世界"吧，现在的主要任务是管理和维护好"新世界"。

另外，随着时间的推移，在信息化时代成长起来的人开始慢慢进入职场。同时，20 世纪 90 年代以后进入企业的员工也逐步迈入领导岗位。所以，现在企业内部从上到下对于信息化管理的接受程度已经大大提高了。如今再要实施一套信息化管理系统，其阻力也远没有 20 世纪 90 年代那么巨大了。也就是说，要不要实施信息化管理系统已经不是问题了，现在的问题是如何更好地实施信息化管理系统，如何发挥信息化管理系统对于企业管理的最大价值。那么，企业信息化管理系统中跑得是什么呢？

是流程和数据！

所以，流程和数据已成为企业提升管理的重要抓手。在数据管理方面，业界提出了诸如主数据管理、大数据管理和数据治理之类的理念和方法。同时，越来越多的人开始讨论如何更好地管理和利用好流程，这是 BPM 越来越被管理者重视的原因之二。

还有，完成信息化管理系统的建设后，对企业管理水平的提升效果当然是显著的，但新的问题也随之产生。比如，系统功能点的风险管控就是比较突出的新问题。曾经有个企业，其 ERP 系统上线后，负库存功能是否开启成为企业运营体系一个新的风险点。所谓负库存就是系统内的库存值是否可以为负数。每到季度末销售业绩考核时间点临近时，常有销售人员"串通"IT 部门偷偷开启此功能，使得没有库存的成品也可以在系统中完成发货，从而冲高销售业绩。所以，负库存功能是否开启成为该企业新的风险管控点。而这种问题在没有用 IT 系统前，自然是不存在的。

基于上述情况，企业的管理者开始意识到，信息化管理系统也不是万能的。而且，也不可能将所有端到端流程的全部流程环节都固化到信息化系统中。有的是因为成本太高，有的是因为很难做到。因此，人工作业环节在端到端流程中仍然是不可避免的。所以，管理者开始思考如何从更为科学的角度来分析和构建端到端流程，以确定哪些步骤应固化到信息化系统中，哪些环节应采用系统外作业，哪些环节应有人工监控，哪些环节应有自动监控，哪些环节应设立考核指标，如何构建一套流程管理的 PDCA 闭环系统等一系列的问题。而这些问题，正是 BPM 的理念和方法可以回答的。这是 BPM 越来越被企业的管理者们重视的原因之三。

除了上述三点之外，企业内部越来越多的管理体系如何整合优化的问题，以及企业面对迅速变化的内外部环境，如何与时俱进地调整和优化管理体系的问题，都不是实施一套信息化管理系统就能轻易解决的，即使这套系统号称凝聚了世界 500 强的管理智慧。而这些问题，也是 BPM 理念和方法可以回答的。

不同于 BPR，BPM 很难确认是谁最早提出的，BPM 似乎是一个自然而然存在的理念。现代企业是一个专业分工和协作运营相结合的组织，而一个分工协作体系要运转起来就需要凭借业务流程。所以，企业对业务流程加以关注和管理是一件很自然的事。

不同于 BPR 常常作为一个理念被导入企业，BPM 更多是作为一套完整的方法被引入企业中的。对于 BPM 这套方法论中具体应该包括哪些内容，不同的学者和组织都有不同的提法。图 1-1 所示的结构是目前较为主流的 BPM 所含内容的框架图。

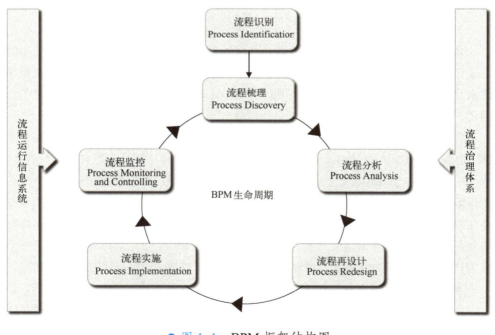

● 图 1-1　BPM 框架结构图

总的来说，不管是谁提出的 BPM 方法论，都会完整覆盖图 1-1 中的这些内容。

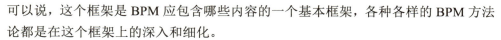

可以说，这个框架是 BPM 应包含哪些内容的一个基本框架，各种各样的 BPM 方法论都是在这个框架上的深入和细化。

本书也将提出一套 BPM 的方法论：EBPM 方法论。

1.2 为什么提出 EBPM 方法论

EBPM 方法论是上海博阳精讯信息科技有限公司在多年理论研究和实践经验基础上提出的一套"基于管理要素构建企业管理体系"的方法。EBPM 是英文 **E**lement-**B**ased **P**rocess **M**anagement 的缩写，意为"基于要素的流程管理"方法论。EBPM 方法论涵盖了 BPM 基本框架的全部内容，同时又将管理视角扩大到企业的整个管理体系。所以，EBPM 方法论论述的是如何以业务流程为核心和纽带，完整构建一套企业管理体系的方法。由于这套方法论可以有效地帮助企业构建一套卓越的管理体系，所以 EBPM 方法论有时也被称为卓越业务流程管理（**E**xcellent **B**usiness **P**rocess **M**anagement）方法论。所以，EBPM 方法论构建的不仅是企业的业务流程体系，而是整个管理体系，业务流程是整个管理体系的核心和纽带。

EBPM 方法论与其他 BPM 方法论的最大区别在于：基于管理要素构建企业管理体系模型（以下简称"管理体系建模"）。 即 EBPM 方法论是以"管理体系建模"这个理论为核心的，方法论中提出的所有原则、规则和实践方案均由这个核心理论推演而来。

"管理体系建模"理论可以追溯到德国流程管理大师奥古斯特-威廉·希尔教授（Prof. August-Wilhelm Scheer）的"房式结构"理论。希尔教授的"房式结构"理论早期更偏向于支撑企业信息化系统的设计和开发，对于如何基于"房式结构"理论开展全面的业务流程管理，希尔教授给出了思路和方向，但并没有给出完整、具体的实践方法。希尔教授创办的德国 IDS Scheer 公司有一款强大的企业建模工具软件 ARIS，在 ARIS 中提供了几乎所有企业可能用到的管理要素模型对象，可以构建非常丰富的管理模型。但是，ARIS 这套软件也没有告诉管理者如何在这么多的管理要素中进行选择，如何构建一套适用于本企业的管理体系模型。所以，总结一套以"管理体系建模"为核心理论、具有很强实操性的 BPM 方法论，一直是众多该理论的实践者所期待的。

在上述背景下，博阳精讯提出了 EBPM 方法论。这套方法论不但给出了"基于管理要素构建企业管理体系"的具体详尽的实操方法，同时，还完整地给出了一套基于"管理体系模型"实现业务流程和管理体系全生命周期管理的方法。

与"管理体系建模"这个基础理论相匹配，EBPM 方法论中还提供了一套支撑这套理论的工具软件。EBPM 方法论中的理论和工具好比给企业插上了一双有力的翅膀，将给企业的管理带来新一轮的提升，某些方面甚至会带来根本性的变革和质的飞跃。

变革一：从微观上来说，将企业管理体系的构建带入前所未有的精细化程度，带来对于企业管理体系的全新认知。 在显微镜被发明出来之前，我们对于周围世界的理解局限在肉眼所能见到的框架内。而显微镜则把一个全新的微观世界展现在人类的视野里，进而带来了我们对物质和生物的全新解读，推动了科学技术的巨大发展。EBPM 方法论也好比是企业管理领域的显微镜，将我们对企业管理体系的认知细化到岗位、记录、事件、场景、系统、角色、授权、风险、术语、活动、服务和绩效等众多管理要素。EBPM 方法论首先要实现这些管理要素的标准化，然后再由这些"标准要素"来搭建企业的整个管理体系模型，并最终生成管理文档，发布管理信息。比如，首先要建立 <组织架构> 模型，明确维护此类信息的负责人。之后，任何其他的管理模型都只能引用 <组织架构> 模型中的 <岗位> 这个要素对象，不能随意创建或修改，从而彻底避免目前大家各说各话的现象。需要指出的是，这些都是靠信息化技术来保证的，靠人工作业是很难实现的。

变革二：从宏观上来说，使得构建一个"结构化"和"一体化"的企业管理体系全景图成为可能。 EBPM 方法论的核心理论"管理体系建模"从微观上将企业管理体系细化到管理要素级别，而从宏观上又以"管理要素"为基本构件，构建了一个"结构化"和"一体化"的管理体系模型，立体和多视角地呈现了企业管理体系的全景。

比如，以往企业的管理体系是由一张张的流程图和一本本的管理文档承载的。这些存在于不同文档中的流程图，很难将它们之间的逻辑关系描述清楚。如何将几百甚至上千条流程之间的关系梳理清楚并显性化，是流程管理领域的一个技术难题。难道是将这些流程全部画在一张图上？有的企业确实画出过类似"清明上河图"的壮丽画卷，管理团队还每人配了一个放大镜专门用来看这幅画卷。而事实上，这样的画卷实在没有什么大的用处。不攻克上述难题，就很难理清企业管理的全局和整体脉络，因而就很难实现企业管理体系的整体优化。而"管理体系建模"就是这个问题的解决之道。

再以管理体系整合为例。EBPM 方法论强调以业务流程为纽带实现多管理体系的整合，这个整合发生在微观的要素级别。比如，将"流程步骤"与"管理要求条款"在微观层面相关联，而在宏观层面展现出来的则是"一体化"的管理体系。即企业不管引入了多少管理体系，都必须融合成一套"一体化"的管理体系，企业最终只有一套"一体化"的"管理体系模型"。

变革三：**带来了对企业管理体系的全新认知，提出了识别、分析和优化管理问题的新技术、新思路、新方法。**企业的管理体系通过 EBPM 方法论变成了一套由管理要素搭建而成的"沙盘"模型。因此，管理者对管理体系进行更为精细的分析和优化就成为水到渠成的事了。企业的管理是过严还是过松了？现有流程是否存在断点？哪些岗位的工作负荷可能过重，哪些岗位又可能无所事事？哪些流程是企业的关键流程或关键能力？目前的授权体系是否有风险？哪些节点是整个管理体系运营的瓶颈所在？哪些管理要素其实根本没有存在的必要？大量类似的问题都可以基于 EBPM 方法论中的模型给出科学的分析报告。由于分析细化到了要素级别，所以很多分析视角和方法将会给人带来耳目一新的感觉。管理者将能在管理体系的分析和优化上花更多的时间，而不是翻来覆去撰写各类管理文档。如果再结合六西格玛、约束理论等优化技术，企业对于管理体系的设计和优化水平必将达到一个新的高度。

变革四：**从"管理要素"的细度，构建了企业管理体系的闭环。**企业的管理体系应该是一个所谓的 PDCA 闭环，大部分企业也构建了这样的闭环。只不过，现在大部分企业是基于管理文档来构建这样一个闭环的，而 EBPM 方法论则是基于"管理要素"来构建这个闭环的。由于精细程度的不同，带来的整体效果也是不同的。EBPM 方法论强调在管理体系的设计、执行、治理和优化的各个阶段都必须基于一套"一体化"的"管理模型"展开，实现全过程的要素化、数字化和信息化，真正实现管理体系的精益化管理。

变革五：**企业管理体系的构建将迈入数字化建模阶段，大部分管理文档将由模型自动生成，不再需要人工撰写。**目前，企业内部的管理体系大都是通过撰写一本本的管理文档来构建的。每一次的修撰，且不说质量如何，都会耗费大量的人力和时间。EBPM 方法论将企业构建管理体系的技术手段从撰写管理文档转变为构建管理模型，从文本时代迈入数字化建模时代。EBPM 方法论通过构建一个"结构化"和"一体化"的管理模型来描述企业的管理体系，管理者的主要工作是将管理理念和思路在此模型中加以体现。这是一个全面梳理管理思路的过程，而且可以持续改进。管理文档的出具则交由 EBPM 方法论中的工具软件来完成。总之，EBPM 方法论将管理者从大量的文档撰写工作中解放出来，从而让他们能够更多地关注管理体系本身的设计、分析和优化。

变革六：**管理文档的主要读者是管理者本身，而不是员工。员工应知道的管理要求将由模型自动抽取并精准推送给员工。**这是一个很具颠覆性的观点。企业管理者辛辛苦苦写了一堆堆的管理文档，主要目的自然是让员工仔细阅读、认真贯彻和严格执行。如果管理文档主要是写给管理者自己看的，那岂不是变成自娱自乐了？

其中的关键变化还是在"管理体系建模"。EBPM 方法论强调管理者不用大量撰写管理文档了，取而代之的主要工作是构建模型，而管理文档交由 EBPM 平台自动生成。为什么有了模型还要生成这些管理文档呢？因为这些管理文档是管理体系本身的要求，以及内外部监管的需要。比如，ISO 9001 体系需要程序文件，这是体系本身的要求。采用 EBPM 方法后，员工不再需要一本本地阅读这些程序文件，EBPM 平台可以基于管理模型自动生成一份"一体化"的《岗位手册》或者说是《工作手册》。这份手册上将完整全面地告诉每一位员工，其负责的工作有哪几项，涉及的"流程"和"流程步骤"有哪几项。更重要的是，EBPM 平台还会自动抽取每一项工作需要执行的所有管理要求，并通过生成一体化手册的方式告诉员工。事实上，更多时候，员工连手册都不需要看，EBPM 平台会自动抽取所有相关信息，并通过信息化的发布界面精准地将所有管理要求推送给员工。

当然，不是所有的管理文档都可以由模型生成，因为有些管理文档是外来的要求。比如，行业标准、国家的法律法规等。对于这些管理要求也存在如何建模以及如何与其他要素相关联的问题。关于这一点，在 3.3 节中会有特别说明。

变革七：明确一项工作要执行哪些管理要求的责任人由员工转为管理者。这是被长期忽视而又非常突出的问题。现在，企业的管理体系由一份份的管理文档构成，执行某一流程环节时，需要遵守的所有管理要求可能被分散在多份管理文档中。现在大家都认为，全面了解并执行这些管理要求的责任在员工。也就是说，员工应该自己从一份份的管理文档中找到针对某一项具体工作的全部管理要求，记住它们，然后加以执行。如果出了问题，管理者随时可以拿出一份白纸黑字写着相关要求的管理文档，然后据此处罚员工。多少年来，这一切似乎是天经地义的。

EBPM 方法论颠覆了这一观点！

EBPM 方法论中的管理体系是基于"管理要素"构建的模型。所以，<管理要求>是作为一个规则类的要素存在于模型中的。某一项<管理要求>究竟应在哪些流程环节被执行，负责识别并在微观层面建立关联关系的责任人是管理者，而非执行者。如果某一个环节应该关联此项 <管理要求>，而管理者在构建模型时没有关联，那么在员工看到的"一体化"的《岗位手册》或《工作手册》上就不会有这一要求，员工自然也就不会执行。所以，过去管理者的主要工作是撰写管理文档，发布管理文档，进行相应的宣贯或者培训，之后的责任就转到执行者身上了，即理论上执行者应全部记住并加以执行。但在实际情况中，当管理文档越来越多时，一般的员工是很难做到这一点的。EBPM 方法论强调管理者的主要工作是构建管理模型，而构建管理模型的主要工作除了通过模型描述管理要求之外，还有负责识别哪些工作环节应执行这些管理要求，并在模型中构建关联关系。所以，EBPM 方法论为管理者节省了大量人工撰写管理文档的时间，同时又对管理者构建管理模型的精细度提出了更高的要求。

变革八：各职能部门间开始真正协同思考和设计企业的"一体化"管理体系。由于 EBPM 方法论要求企业构建一个统一的管理模型，各类管理文档均通过此模型自动生成，所有管理信息均通过此模型自动发布。所以，当某职能部门的管理者要发布新的管理文档时就必须修改模型，而修改模型时他可能会发现相关的内容已经被其他职能部门锁定了，因为其他职能部门也提出了修改要求。因此，各职能部门间必须协调一致才能完成最终的修正。这在很大程度上可以规避现在五花八门的管理文档由不同的部门或项目团队撰写，相互之间重复、冗余甚至冲突的问题。当然，要做到这一点，需要 EBPM 方法论中所描述的工具平台提供技术支撑。

变革九：大大增强了管理体系设计的柔性，适应企业的高速发展和变化。传统的管理体系设计依靠撰写管理文档来实现，一旦管理要求发生变化，就要同步修改很多相关管理文档。事实上这是件很困难的事。比如，现有的管理文档中都大量引用了组织架构的信息，最常见的描述就是"某某部门/岗位负责某某事"。那么，当组织架构发生调整时，难道要将原来所有的管理文档都修改一遍吗？事实上，在 EBPM 平台中只需将组织架构模型及相应的关联关系进行调整，整个管理体系模型的修正也就完成了，基于此模型生成的管理文档也就同步修正完成了。这就是管理体系模型化的价值。

"工欲善其事，必先利其器"，EBPM 方法论就是一种能够提升企业管理能力的利器。相信只要使用得当，一定能为企业带来显著的管理价值，推动企业管理水平的提升！

第 2 章

EBPM 方法论：
基于管理要素的 BPM 方法论

正如我们这个大千世界的构成元素可以浓缩成一张元素周期表一样，企业的管理体系也可以提炼为一套图 2-1 所示的 EBPM 企业管理体系架构。像化学元素一样，企业管理要素也是客观的存在，不管你见或不见，它就在那里，不因你的认知不同而变多或变少。

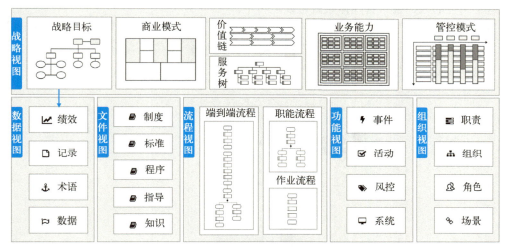

● 图 2-1　EBPM 企业管理体系架构

EBPM 方法论认为企业的管理体系首先应拆分成各类管理要素，而一个"精益化"运营的管理体系，则是由这些管理要素相互关联、相互作用而构成的一个"结构化"和"一体化"的整体。其中，"业务流程"是将各类"管理要素"关联起来并构成"一体化"管理体系的关键纽带，也是管理体系实际运营的载体。

下面我们通过一个案例来直观地感受一下如何从管理要素这个视角来剖析企业管理体系的构建原理。

如图 2-2 所示，某公司的<业务能力>中有一块能力是所谓的<后勤保障能力>，此能力逐级往下细分，最终有一个末级能力项是<办公场所饮用水的保障能力>。这里，先不探讨如何从战略目标和商业模式推导出所谓的<业务能力>，而是直接从承接业务能力这个角度切入。<能力>本身是一类独立存在的管理要素，而<办公场所饮用水的保障>则是一个具体的末级能力项。构建这个能力，对于管理者来说，最为简单的方案是引入<职责>这类管理要素。比如，构建一个具体的末级职责条款<负责确保公司办公场所饮用水的供应>，然后将此管理要素分配给一个具体的岗位<行政团队主管>，<岗位>是属于<组织>类的管理要素。这样，企业管理者就构建了由<能力-职责-组织>三大类管理要素相互关联而成的一个管理体系，使企业具备了<办公场所饮用水的保障能力>。这里，我们称此方案为管理体系方案 A，此方案中管理者引入 3 类 3 个管理要素就解决了问题。如果这样的管理体系运行良好，那么对于建立<办公场所饮用水的保障能力>来说，这就是最为"精益"的管理体系了。事实上，这与我们的直观感受是很相似的。很多情况下，企业构建业务能力最为简洁的方案就是明确职责，然后将此职责赋予某个特定的岗位。此时，只要找到胜任这个岗位的人，整个管理体系就可以运转了。

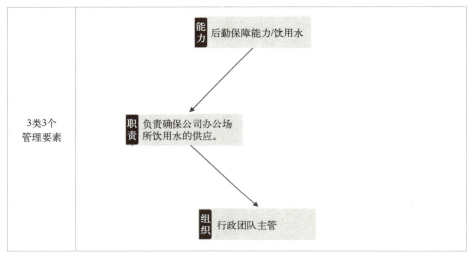

● 图 2-2　管理体系方案 A

<能力-职责-组织>的组合，可以认为是最简管理体系的样例。这样的管理体系，最大的优点就是管理要素少，构建成本和运行成本都很低，因此对应的总"管理成本"也很低。但是，如果这个岗位上的人员有流动，新人不一定能和原有的人员完成得一样好，不同人的做法和效果可能完全不一样。总之，这套体系运行的好坏与人的关系很大。另外，体系运行的整个过程基本没有管控，也可能带来管理的漏洞。上述这些因素都可能导致 A 方案运行效果不稳定或者不能达成"管理目标"。

事实上，方案 A 的实际运行效果确实不太好，员工经常投诉，办公室总是断水，工作时常常没水喝，而且水质也不太好，员工感觉公司买水只图便宜，没考虑质量问题。此时，管理者就必须决策这个问题是否需要解决，<办公场所饮用水的保障能力>是否需要确保。现在不能说企业没有这个能力，只是这个能力不能有效得到保障。如果答案是肯定的，那么管理者面前就有两种方案可以选择。一是"动人"，二是"动管理体系"。"动人"的逻辑很简单，既然将<负责确保公司办公场所饮用水的供应>这样一个职责赋予了<行政团队主管>这样一个岗位，而现在这个岗位上的人没有做好，那么就换一个能做好的人。但是，在实际情况中事情就没那么简单了。因为这个人可能承担了 10 项职责，其中 9 项都完成得很好，就这一项完成得不

好，直接换掉其实成本也很高。而且，新人是否一定能做好也是一个未知数，说不定这个职责新人履行不好，另 9 项职责也没做好。第二种方案是"动管理体系"，即引入更多管理要素，确保其运行效果达到预设的"管理目标"。

如图 2-3 所示，本案例中管理者首先想到的是引入<绩效>这类管理要素，制定了一个具体的末级绩效指标<断水次数：每年断水不得超过 1 次>。与<绩效>这个指标相对应，还引入了<制度>这类管理要素。本案例中，管理者首先构建了<年断水如超过 1 次，每多 1 次，扣考评分 2 分>这样一条奖惩类制度条款；同时，又增加<必须购买指定品牌的饮用水，发票必须注明品牌>这样一条规范类制度条款。

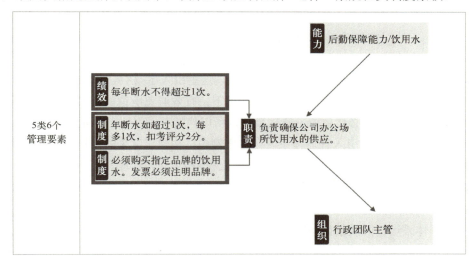

● 图 2-3　管理体系方案 B

如图 2-3 所示的管理体系方案 B，为了实现<办公场所饮用水的保障能力>，本案例中管理者构建的管理体系已经变成了 5 类 6 个管理要素。管理要素的增加，必然会导致管理成本提升，当然也提升了管理的效果。需要特别指出的是，图中同时给出了管理要素间相互关联的关系示意图。即<绩效>、<制度条款>与<职责>关联；<职责>对接<能力>并与<组织>关联。管理要素如何相互关联进而构成一个"结构化"、"一体化"的企业管理体系，是 EBPM 方法论研究的核心命题之一。

如果方案 B 运行良好，那么这套体系就是当前管理诉求下最"精益"的管理体系了。不过，本案例中方案 B 在实际运行中又出现了新的问题。这次不再是断水或饮用水质量不佳，而是有员工反映，公司的饮用水都是在附近某一超市买的，<行政团队主管>好像与超市的经理是好朋友，他买的水有点偏贵，听说他还拿回扣。对于这样一个问题，管理者面前有三种方案可以选择。一是"不予理睬"，因为这并不影响<办公场所饮用水保障能力>的实现。另外：如果<行政团队主管>真拿了点回扣，对公司成本影响也不大，可以忽略不计。二是"取证调查"，因为此事虽然不影响相关能力的实现，但是涉及公司的风气和文化，当然也会对公司的利益造成一定影响。不过，"取证调查"是有成本的，是否能查实也是未知数。还有，如果查实，后续的措施往往也是"动人"。第三种方案则是继续通过"动管理体系"来解决，或者"取证调查"和"动管理体系"两个方案同时进行。

如图 2-4 中的管理体系方案 C 所示，本案例中管理者为了提升"管理体系"的管理成效，不得不引入更多管理要素。比如，引入<职能流程>这类要素。本案例中的<职能流程>比较简单，就两个流程步骤（业务活动），第一步是<提交采购申请>，第二步是<下达采购订单>。本<职能流程>将买水这个事项的权限分为申请权和执行权两个权限，分别赋予<行政团队主管>和<财务管理助理>两个不同的岗位，一个负责申请，另一个负责在网上下单付款。注意，这里引入了<财务管理助理>这个新的<岗位>。这样设计，可以在确保质量的前提下，有效避免所谓的回扣问题。由于流程步骤（业务活动）必然要留下管理痕迹，所以伴随着<职能流程>的引入，另一类管理要素<记录>也被引入管理体系。在本案例中，构建了《采购申请单》和《网络采购订单》两个<记录>。与新引入的<职能流程>相对应，管理者还补充了一个制度条款，即<必须在网上通过公司指定的网站购买>。最终，为了给企业赋予<办公场所饮用水的保障能力>，管理者构建了由 8 类 13 个管理要素组成的管理体系。那么，这个管理体系运行的效果如何呢？还是出了问题，又断水了！

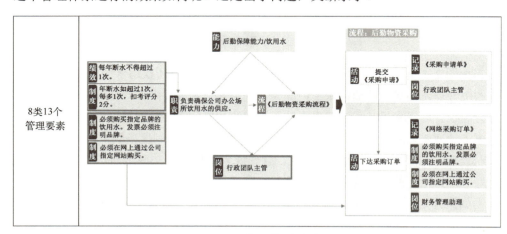

● 图 2-4　管理体系方案 C

管理者找到<行政团队主管>问责，要按相关制度条款处罚他。但<行政团队主管>认为他不应负责，因为他发现桶装水的库存不足时，已经第一时间在 OA 系统中提出了采购申请，但是<财务管理助理>没有及时下单，所以才导致了这次断水。

此时，管理者发现在整个体系的设计中，有一个环节出了问题，即<负责确保公司办公场所饮用水的供应>这个职责条款如果只赋予<行政团队主管>是不对的，这个岗位不可能对此负"全责"，因为他已经没有"全权"了。管理者已经将与此职责相关的权力拆分成申请权和执行权两个权限，并分别授予了不同的岗位。所以，<负责确保公司办公场所饮用水的供应>这项职责，应同时赋予<行政团队主管>和<财务管理助理>，他们需要各司其职，如图 2-5 所示的方案 D。所以，即使是完全一样的一套管理要素，关联关系不合理或不完整，也会影响体系的运行效果。

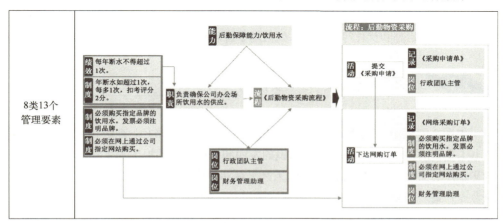

● 图 2-5 管理体系方案 D

至此，我们剖析完了一个小案例。在本案例中，为了给企业赋予<办公场所饮用水的保障能力>，管理者针对不断出现的管理问题，前后共实施了三套管理体系方案，不断通过增加管理要素来提升管理细度和深度。由此可见，不同的管理要素组合，以及管理要素间关联关系的完整性和合理性，都会影响管理体系最终的运行成本和运行效果。所谓"精益化"管理体系是与特定环境下企业的管理目标相对应的，没有绝对的最佳方案。

2.1　EBPM 方法论研究的核心命题

EBPM 方法论研究的核心命题有四个，分别如下。

1）构成企业管理体系的管理要素总共有哪些？ 即研究企业管理要素的完整架构，明确总共有多少类管理要素。EBPM 企业管理体系架构则是其研究成果的体现。正如《元素周期表》随着新元素的发现和新理论的提出，经历了一个不断完善的过程一样，EBPM 企业管理体系架构也在随着 EBPM 方法论的发展而不断完善。

2）企业管理要素是如何构成一套"结构化""一体化"管理体系的？ 即研究各类管理要素间相互关联构建管理体系的规则和方法有哪些，不同的关联方式对于管理体系最终运行效果的作用和影响是什么。

3）针对具体的管理目标，如何选用最精炼的管理要素、最简洁的关联关系构建"精益化"的管理体系？ 即研究如何从企业管理体系架构（命题一）中选择最精炼的管理要素，从各类管理要素间所有可能的关联规则和方法（命题二）中选用最为简洁的关联方法，来构建可以有效达成具体管理目标的"精益化"管理体系。

4）如何基于管理模型对企业管理体系实现全生命周期的管理？ 即研究在管理体系的设计、执行、治理和优化等各阶段，如何基于管理模型实现企业的精益化管理。

2.2　EBPM 方法论的主要内容

如图 2-6 所示，针对四大核心命题，EBPM 方法论从路径、方法和工具三个层面给出了完整的理论和方法。正如显微镜的发明和细胞理论的提出为生物学的发展带来了革命性的变化，EBPM 方法论中的工具平台和理论方法，也将企业构建管理体系的能力提升到一个全新的高度。责-权一致性分析、授权-活动体系分析、端到端流程断点分析等管理要素级别的分析方法，给管理者带来了全新的分析视角和大量的创新思路。而"理清楚""管起来""持续优化"的管理体系构建路径，覆盖了管理体系在设计、执行、治理和优化各阶段的操作方法，是实践 EBPM 方法论的作业指导。

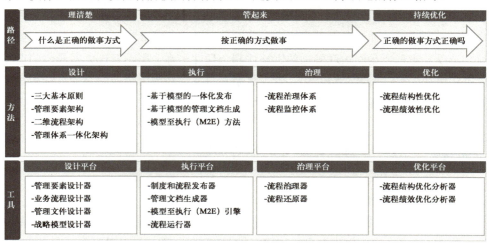

● 图 2-6　EBPM 方法论总图

三步走的实践路径

任何企业要构建管理体系，必须先确定一个组织范围，即流程和管理体系是以某一特定的组织范围作为边界来进行梳理和分析的。EBPM 方法论本身适用于任何大小的组织范围，但在具体实践应用时，必须确定一个明确的组织边界，这样才能确定流程的边界、颗粒度，区分何为外部需求，何为内部需求。比如，站在某个公司角度应用 EBPM 方法论时，端到端流程是以本公司为边界的，来自集团总部的要求是作为外部管理要求处理。集团总部的流程不会显性化在此公司的流程中。站在整个集团角度应用 EBPM 方法论时，端到端流程是以本集团为边界的，端到端流程的纵向可能会涉及集团总部、子公司、三级公司三个层级。总之，"理清楚""管起来"和"持续优化"是在一特定的组织范围内构建"一体化"管理体系的实践路径，如图 2-7 中被框选的内容。

	理清楚	管起来		持续优化
路径	什么是正确的做事方式 ▶	按正确的方式做事	▶	正确的做事方式正确吗 ▶
	设计	**执行**	**治理**	**优化**
方法	-三大基本原则 -管理要素架构 -二级流程架构 -管理体系一体化架构	-基于模型的一体化发布 -基于模型的管理文档生成 -模型至执行（M2E）方法	-流程治理体系 -流程监控体系	-流程结构性优化 -流程绩效性优化
	设计平台	**执行平台**	**治理平台**	**优化平台**
工具	-管理要素设计器 -业务流程设计器 -管理文件设计器 -战略模型设计器	-制度和流程发布器 -管理文档生成器 -模型至执行（M2E）引擎 -流程运行器	-流程治理器 -流程还原器	-流程结构优化分析器 -流程绩效优化分析器

● 图 2-7　实践路径

"理清楚"就是要承接战略，建立支撑战略体系落地的运营体系，并以业务流程为纽带，对各种管理要素和管理体系进行全面的梳理和整合，让管理者理清楚完整的管理思路，让员工明确地知道"什么是正确的做事方式"。

"管起来"就是实现流程的有效落地和执行，从而使企业的管理体系有效地运行起来。同时，通过治理体系的构建，建立长效管理机制，确保企业的员工"按正确的方式做事"。

"正确的做事方式正确吗?"，对于企业来说，"正确"本身就是一个相对的概念。随着企业经营环境的不断变化,战略目标和管理要求也会相应发生变化。"持续优化"

就是通过监控和优化分析体系的建立，帮助企业实现管理体系的持续性优化，实现流程的精益化运营，以适应企业内外部环境的变化。

三大基本原则

三大基本原则是 EBPM 方法论的理论基础，EBPM 方法论的所有理论和方法都遵从了这三项基本原则，如图 2-8 所示。

● 图 2-8　三大基本原则

1. 原则一：科学原则

企业管理既是科学也是艺术，EBPM 方法论只研究和解决科学性的问题。所谓艺术性问题，是指无法进行定性定量分析或业务逻辑推导的问题。

某企业曾经发生过这样一个案例。梳理并构建完成企业管理体系模型后，该企业的一把手问了一个问题："现有的管理体系是管得太严了，还是太松了，还是刚刚好？"针对管理者的这个问题，项目组基于管理体系模型提供了一份科学的分析报告。这份报告基于业务流程中的流程步骤（业务活动）这个要素进行归纳，将动词是"审批"和"审核"的业务活动进行汇总，得出了这样的数据：该企业 120 条职能流程中共有 730 个流程步骤（业务活动），其中"审批"和"审核"类的活动占了 60% 左右，一般同类型企业的参考数据是 40%。从这个角度来说，该企业的管控是偏严的。

该企业的一把手得到这份报告后，产生了疑问，为什么需要有这么多的"审批"和"审核"环节？针对这个疑问，基于 EBPM 方法论，该企业又进行了深入的梳理。即基于管理体系模型自动按岗位生成相关"审批"和"审核"环节的清单，也就是将每个岗位所负责的所有"审核"和"审批"活动出具一份清单。基于这份清单，请每个岗位的人针对每一个"审核"或"审批"活动回答两个问题：

1）审什么？比如，"审批设备采购申请"有多个环节，每个环节的审批或审核人员都要回答自己的这个环节是在审必要性、合规性、经济性、技术参数还是别的内容。

2）审的依据是什么？即审核或审批人员要回答此环节审的依据是某某规章制度、技术标准、个人的经验和专业知识还是其他方面。

该企业对 400 多个"审批"和"审核"环节都进行了这样的调研和梳理。发现对于不少审核环节，相关岗位的人员自己都说不出在"审"什么。一个有趣的现象是，很多"审批"环节就是企业一把手自己执行的，也就是提出"现有管理体系是管得太严了，还是太松了，还是刚刚好？"这个问题的管理者本人。当请他本人回答"审什么？"和"审的依据是什么？"这两个问题时，有些活动他也答不上来。似乎按此逻辑推论下去，这些"审批"或"审核"环节都应精简掉。但是，企业的一把手提出了不同的解释。他认为，按职责权限分工或者业务逻辑推导，这些环节确实不一定非要他本人参与审批和决策。但是，将他本人放在审批的最后一个环节，前面的相关审核环节的严格程度和效率就会有所不同。当前阶段，有些事项对于企业运营是非常重要的，这些事项将一把手放在最后一个环节进行审批会提升流程的整体效率和质量，避免出现重大风险。

最终，本案例中的企业对于大部分不知道"审什么"或者"审的依据是什么"的流程步骤都进行了精简，但还是保留了一部分不知道在"审什么"的环节。EBPM 方法论认为，精简掉的那部分属于管理的"科学性"范畴；而保留的那部分就属于管理的"艺术性"范畴，即这部分内容不是按 EBPM 方法论可以分析或推导出来的。说得再直白一点，如果基于 EBPM 方法论出具一份管理体系的分析报告，所有这些不知道"审什么"或者"审的依据是什么"的环节都会被列入应该被精简的清单中，这是科学性的分析。但是，由于企业管理既有科学性的一面，也有艺术性的一面，所以在某种情况下，有些环节还应该保留，这就需要管理者人为进行分析和决策。EBPM 方法论无法基于"艺术性"的一面，给出哪些环节应该被保留的建议。

2. 原则二：痕迹原则

显性化即留下管理痕迹，这是科学管理的前提，只有留有管理痕迹的业务活动才有可能被"管起来"。如果业务活动没有留下任何管理痕迹，不是说此业务活动不存在，而是表明此业务活动没有"显性化"，因此不可能被有效地"管起来"。没有留下管理痕迹的业务活动，不是 EBPM 方法论研究的范畴。下面用一个案例来说明一下"痕迹原则"在实践中的运用。

很多企业都开展过"流程全面梳理"的项目。博阳精讯团队在参与类似项目时，经常会被问到这样的问题："全面梳理的范围如何界定，门卫换岗的流程要梳理吗？清扫企业内部厕所的流程要梳理吗？"面对这样的问题，一般情况下，管理者或咨询机构就会引入流程分类的概念，比如将流程分为业务流程、作业流程和操作流程等，然后再分析得出<门卫换岗流程>、<清扫企业内部厕所流程>属于作业流程或者操作流程，而此次全面梳理只包含业务流程，所以这些流程不需要梳理的结论。当然，也可以通过对分类定义的不同解释，将其归入业务流程，从而得出应该梳理的结论。但是，EBPM 方法论认为，所谓"全面流程梳理"范围的界定，不应该因为流程的分类或定义的不同而有所变化。另外，既然已经冠以"全面"二字，然后又说"全面"只包括某几类流程，本身就是矛盾的。

还是那句话，"管理要素"是客观的存在，不管你见或不见，它就在那里，不因你的认知不同而变多或变少。所以，界定某个流程是否要纳入全面流程梳理的范围，不应该因为归属于不同的流程类别而有所区别。一个流程是否纳入"流程全面梳理"的范围，取决于这条流程所包含的活动即流程步骤是否留下了相应的"管理痕迹"。只要留下"管理痕迹"的活动就应纳入"流程管理"的范围，因为只有留下"管理痕迹"才可能被"管起来"；而且，只要留下了"管理痕迹"就应该被"管起来"，因为任何留下"管理痕迹"的活动都会增加管理成本，如果不需要"管起来"就没有必要留下这些"管理痕迹"，无谓增加管理成本。

所以，<门卫换岗流程>、<清扫企业内部厕所流程>是否纳入"全面流程梳理"的范围，不取决于它们属于业务流程还是作业流程，而是取决于这两条流程的执行过程中是否留下了"管理痕迹"。比如，在实际进行门卫换岗流程时有相应的《换岗记录》，那么这条流程就应该纳入梳理范围。如果什么记录都没有，就不应纳入。如果现在没有管理记录，但想要纳入这条流程，就应该设计相应的管理记录；如果现在有管理记录，但不想纳入，就应废除相应的管理记录。

可能有人会有疑问，是的，换岗过程或者清扫厕所的过程确实没有留下"管理痕迹"，但是企业都有相应的《作业指导书》，对换岗和清扫厕所的过程提出了明确细致的要求，这些《作业指导书》中明明就有相应的操作顺序图解，为何不能将这些图解纳入全面流程的范畴？EBPM 方法论认为，此时需要搞清楚具体的管理记录究竟是哪些活动和哪条流程产生的。比如，《换岗记录》是<门卫换岗流程>产生的，只有当<门卫换岗流程>实际发生时，才会按要求留下《换岗记录》这个管理痕迹。但《门卫换岗作业指导书》不是<门卫换岗流程>留下的管理痕迹，而是<作业指导编制流程>留下的管理痕迹，针对这个管理痕迹应将<作业指导编制流程>纳入"全面流程梳理"的范畴，而非<门卫换岗流程>。而<门卫换岗流程>是否纳入"全面流程梳理"的范畴，还是取决于其本身是否留下了《换岗记录》或其他对应的管理痕迹。

关于"痕迹原则"的相关概念，在本书 3.1 和 3.2 两节中还会有更为详尽的说明。这个原则非常重要，因为其决定了业务活动和职能流程的颗粒度，解决了长久以来在流程管理中困扰管理者的一个问题。

3. 原则三：平衡原则

企业管理是"管理成本"和"管理目标"的平衡，脱离这个"平衡原则"，就无法评估管理体系的好坏优劣。管得越深越细，管理成本就越高；管得越浅越粗，管理成本就越低。企业管理就是在"管理目标"和"管理成本"之间寻找最佳平衡点。另外，信息技术的进步使得管理不断精细化但管理成本不会上升太快成为可能。所以，IT 技术是企业提升管理水平同时控制管理成本的有效技术手段。下面，我们也用一个案例来说明一下"平衡原则"。

某企业的管理者认为该公司开会的纪律性太差了，大家都经常迟到，所以要整顿一下。于是，他提出要制定一个奖惩制度条款：<开会迟到 5 分钟罚 100 元钱>。于是，博阳精讯项目组问该管理者："这项制度条款是所有会议都适用，还是仅仅适用于较为正式的会议？比如，某班组长临时招呼工人开个会，如果某工人迟到了也要罚吗？"管理者想了想说："还是先适用于较为正式的会议吧。"于是，项目组又要求该管理者明确一下究竟有哪些会议是属于较为正式的会议。看似很简单的一个问题，回答起来却并不简单。因为该企业规模较大，一下子还真说不清楚究竟总共有哪些类型的正式会议。所以，要落实此制度条款，首先需要对企业的会议体系进行全面的梳理。

另外，项目组向管理者又提出了一个问题："是否要求做到每个迟到的人都要被罚，而且被罚的人没有异议？"管理者不假思索地答道："当然！"于是，基于<每个迟到的人都要被罚，而且被罚的人没有异议>的管理目标，所有梳理出来的正式会议都应制定明确且严格的会议管理流程。比如，事先都应发送会议通知，同时给与会人员预留可以请假或申请晚到的时间段。如果没有发送会议通知的环节，那么就可能会有异议。比如，某员工说电话里明明通知 10:15 开会，到了以后又说是 10:00 开会，所以罚他款不合理。一旦遇到这样的情况就不好处理了。所以，应该都有事先发送会议通知的环节并留下相应的管理痕迹。

还有，一旦真的发生了迟到的事，且员工本人没有异议，那么是直接交现金罚款，还是从月末奖金中扣呢？如果是交现金罚款，收到罚款后该如何处理呢？后续对这笔钱的处理是否也应有相应的制度和流程呢？如果是从月末奖金中扣，那么谁负责记录，谁负责通知人事部门在计算薪金时扣除呢？所有这些，都需要引入配套的<职责>、<流程>、<组织>、<记录>和<制度>等管理要素，构建相应的管理体系。博阳精讯团队当时给该企业进行了一个初步的匡算。如果真要梳理正式会议的清单，制定相应的会议管理体系以及后续的配套制度和流程，该企业需要投入的成本大约是 10 万元左右。

当看到这样一个分析报告时，提出要制定<开会迟到 5 分钟罚 100 元钱>这个制度条款，而且又要求实现<每个迟到的人都要被罚，而且被罚的人没有异议>这个目标的管理者的反应是，"太复杂了！不需要这样复杂！"但问题恰恰在于，要达成上述管理目标，确实就得这样复杂啊！

最后管理者笑着说，"其实，我只想制定一个制度条款，当我发现某位员工迟到时，罚他有个依据就行！"事实上，此时该管理者将管理目标已经降为：<不需要保证每个迟到的人都被罚，只要想惩罚某个迟到的人时有个依据就行>，<对于员工是否有异议可以不用关注，会议负责人认定他迟到就算迟到>，<罚的钱由会议负责人收走，想怎么花就怎么花，他可以全权处理>。基于这样的管理目标，当然相应的管理体系就简单多了，可能只要制定一条制度条款就可以，其他管理要素都不需要引入了，可以预见的成本投入就是制定和宣贯这项制度条款的成本，当然这会很低。那么，相应的管理效果是否是管理者想要的呢？当然，这还得看实际运行后，迟到现象是否大有改善。如果是，这套最简版的管理体系就是有效的；如果不是，那么管理者就要在"管理成本"和"管理目标"间再次进行平衡，决定是放弃整顿会议纪律的管理目标，还是投入更多的管理成本。

EBPM 方法论解决的是针对某个具体的"管理目标"应该用哪些管理要素构建"精益"管理体系的问题。而基于企业的现状，应该达成什么样的"管理目标"，有时是靠管理者来把控的，通俗地说就是需要管理者来控制"火候"。"火候"的把控，属于管理的"艺术性"问题，EBPM 方法论就无法给出直接的建议和方案了。

两大核心理论

1. 管理体系建模理论

管理体系建模理论主要研究如何基于"管理要素"，以"业务流程"为纽带，构建"结构化"、"一体化"和"精益化"的管理体系模型。这套理论在实践中落实到管理要素架构、二维流程架构和管理体系一体化架构这三大架构，如图 2-9 所示。

2. 全生命周期管理理论

所谓全生命周期管理理论，即以"管理体系模型"为基础，实现对管理体系设计、执行、治理和优化各阶段的"全生命周期"管理，并使之成为企业持续的能力。这套理论从方法论层面对 EBPM 方法论的第四个核心命题进行了解答，即在设计阶段完成<企业管理体系模型>之后，如何在执行阶段基于模型进行信息化的内容发布和落地执行；如何在治理阶段基于模型进行体系监控和常态化治理；如何在优化阶段基于模型进行优化分析。如图 2-10 所示，EBPM 方法论对于上述各个部分的内容进行了全面的阐述。全生命周期管理理论主要包括以下七部分内容：基于模型的一体化发布、基于模型的管理文档生成、模型至执行（M2E）方法、流程治理体系、流程监控体系、流程结构性优化和流程绩效性优化。

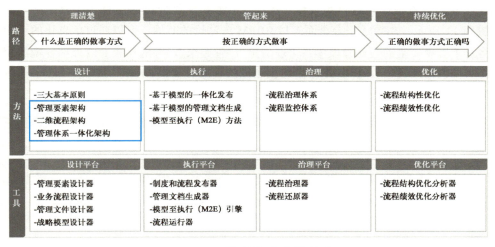

● 图 2-9　管理体系建模理论

● 图 2-10　全生命周期管理理论

一套工具平台

早在 20 世纪 90 年代，以 AutoCAD 为代表的计算机辅助设计软件已经在工程设计领域大行其道。国内外的工程师们迅速抛弃了图板、笔和尺而改用信息化的设计软件。可以说，信息化的设计软件对于提升工程设计的能力、效率和质量起到了极大的推动作用，进而促进了全球制造业水平的提升。

与 AutoCAD 在工程设计领域中的作用类似，EBPM 方法论中的工具平台（即EBPM 企业流程管理平台，以下简称为"EBPM 平台"）是一套基于"管理要素"进行企业业务流程和管理体系设计、执行、治理和优化分析的信息化工具平台，如图 2-11 所示。EBPM 平台全面支持 EBPM 方法论的落地，可以通过信息化的手段将基于管理要素的企业管理体系"理清楚""管起来"，并随着企业内外部环境的变化实现"持续优化"。EBPM 平台将使企业的管理者摆脱 Word、Visio、Excel 等传统的工具软件，迈入构建数字化模型的时代。

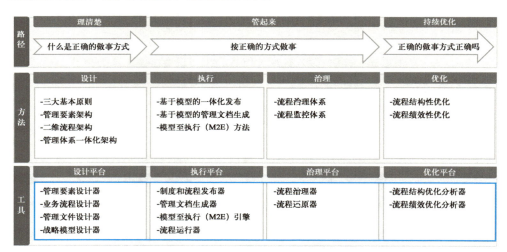

● 图 2-11　EBPM 工具平台

EBPM 平台由设计、执行、治理和优化四大部分构成，构建了一个全生命周期的信息化管理体系。

EBPM 设计平台可以基于"管理要素"为企业构建"结构化""一体化"的管理体系模型，实现管理要素间的关联和整合，以及多管理体系的融合。企业的各种管理文档，比如制度文件、流程手册、岗位职责弓和风险手册等，都不再需要人工撰写，而是通过 EBPM 平台自动生成。这不但极大地提高了管理人员的工作效率，并对企业员工了解、学习和执行各项管理要求起到了极大的推动作用。另外，EBPM

设计平台提供了各种模型分析的方法，比如责权一致性分析、权限体系分析和职责分离分析等。基于模型进行企业管理体系的分析和优化，在企业管理领域已逐渐成为一种潮流，并将对企业管理产生深远的影响。

EBPM 执行平台主要解决制度和流程的发布和信息化落地问题。除了传统的生成和发布管理文档这种形式之外，一体化、多维度和精准化的网络发布，特别是移动终端的发布逐渐成为主流。比如，将一位员工所参与的所有流程、流程步骤、管理标准、工作标准和输入输出表单等内容集中在一个页面进行展现；直接从一个管理要素（比如一张表单）切入，查询相关的流程步骤和岗位等。一体化、多维度、精准化的发布，大大提升了员工了解、学习制度和流程的便捷性，也推动了制度和流程的执行。另外，EBPM 执行平台内置了模型到执行（M2E）的方案，可以支持流程的信息化实施，同时可与信息化运行系统集成，实时采集工作任务和状态，并且推送给相关的员工。

EBPM 治理平台主要是帮助企业构建一套管理制度和流程的体系，包括相应的制度、组织、授权、职责和流程。这套流程可以在 EBPM 治理平台上运行，包括管理要素、管理模型的增、删、改和发布流程，也包括企业内部的调研、评估和审计流程。

EBPM 优化平台提供了一套流程还原和优化分析的技术，支持算法模型的建立，可以基于企业的运行结果进行实际流程的挖掘，与设计的模型进行比对，并进行各种深入的优化分析。

需要特别指出的是，EBPM 平台是 EBPM 方法论的一个重要组成部分，没有平台的支撑，方法论中的很多方法就很难实现。就像没有显微镜，有再好的理论，也无法进行细胞级别的实验。不过，企业构建 EBPM 平台的途径可以有多种选择。比如，可以直接购买成熟的商业套装软件，也可以基于 EBPM 方法论的原理自行开发，还可以针对部分功能购买商业软件，部分功能自行开发。

2.3　EBPM 方法论描述中的特别约定

由于 EBPM 方法论涉及大量管理要素和管理模型。为了在文字中强调和突出这些要素和模型，以便于阅读和理解，所以采用特定的标点符号加以标识。以职能流程为例。

- "职能流程"强调其作为管理要素的特性。
- <职能流程> 强调其作为模型对象的特性。

如果没有以上标识符号，则表示此处只是一个名词和概念，而不是指一个具体的管理要素，也不是指一个具体的模型对象。

第 3 章

核心理论之一：
管理体系建模理论

所谓"管理体系建模理论"就是构建一套企业管理体系模型的理论。在 EBPM 方法论中，将这套模型称为：**EBPM 企业管理体系架构**（简称"**EBPM 架构**"）。EBPM 架构是一套"结构化"的模型，描述了构成企业管理体系的所有管理要素，以及这些要素如何相互关联构成"一体化"的管理体系，如图 3-1 所示。类似于医学上将人体构造分解为骨骼、肌肉和血液等组成部分，既研究每个部分的构成成分，也研究这些部分是如何结合并协同工作的。

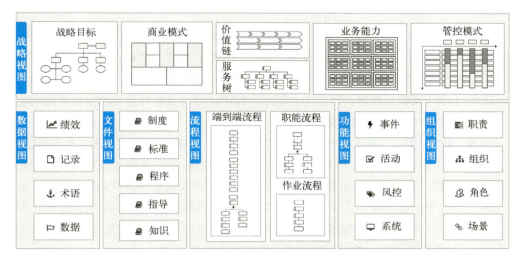

● 图 3-1　EBPM 企业管理体系架构

如图 3-2 所示，EBPM 架构从整体上可以细分为战略体系架构（战略视图）和运营体系架构（数据视图、文件视图、流程视图、功能视图和组织视图）两大架构体系，并由四条路径实现两大体系的对接。在 3.1 节战略视图讲解中将重点介绍战略体系架构和四条对接路径。相应的，EBPM 架构中的"管理要素"可以分为"战略要素"和"运营要素"两大部分。"战略要素"用来构建企业的战略体系架构，而"运营要素"则是对接"战略要素"构建企业的运营体系架构。"战略要素"包括战略视图中的战略目标、商业模式、价值链、服务树、业务能力和管控模式这六类要素。"运营要素"又分为数据视图、文件视图、流程视图、功能视图和组织视图五个细分类别，总共包含 20 类管理要素。总之，整个 EBPM 架构包括 26 类管理要素。

从关联性角度，EBPM 架构中的管理要素又可以分为"独立要素"和"复合要素"两大类。独立要素作为一个对象是完全独立存在的，构建独立要素时，不需要关联别的要素。独立要素自身构建完成后，通过与其他要素的关联来构建"一体化"的管理体系。复合要素指要素本身是独立存在的管理要素和其他管理要素的结合体。

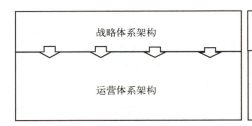

● 图 3-2　EBPM 架构的细分类别

● **独立要素（管理要素架构）**：战略目标、商业模式、价值链、服务树、业务能力、管控模式、职责、组织、角色、授权、场景、活动、风控、系统、绩效、记录、术语和事件 18 类要素都属于独立要素。本书 3.1 节将重点介绍这 18 类独立要素。如图 3-2 所示，EBPM 方法论将这部分独立要素组成的架构称为"管理要素架构"。

● **流程视图（二维流程架构）**：流程视图中的"职能流程"主要由"业务活动"和"业务事件"这两类管理要素相互关联而成；"端到端流程"则由"职能流程"这种管理要素相互关联而成，所以这两类流程是典型的复合要素。另外，"作业流程"也可能会引用"术语"等其他要素，也属于复合要素。本书 3.2 节将重点介绍这三类复合要素。如图 3-2 所示，EBPM 方法论将这部分复合要素组成的架构称为"二维流程架构"。

● **文件视图（管理体系一体化架构）**：文件视图中的制度、标准、程序指导和知识要素是较为典型的复合要素。一份管理制度，其本身作为一个要素存在于管理体系中，它较为常见的载体是制度文件。制度文件中的制度条款等规则性要素是这份制度中独立存在的要素。同时，这份制度文件中可能还会描述相关的组织、术语、职责、角色和授权等内容，这些内容则引用自其他类别的管理要素，而不是在这份制度文件中新建这些要素。所以，制度文件模型作为一个整体，是由自身独立存在的要素与其他要素结合而成的，是复合要素。本书 3.3 节将重点介绍这 5 类复合要素。如图 3-2 所示，EBPM 方法论将这部分复合要素组成的架构单独命名为"管理体系一体化架构"。另外，文件视图是一个开放性的视图，除了管理制度、标准体系、程序体系、工作指导和知识文档外，企业还可以根据自身管理的需求及所建管理体的多少增加相应的要素，比如上游文件、国标行标和法律法规之类。

从本质上来说，EBPM 架构整体上也是一套开放性的架构，这套架构对存在于企业管理体系中的所有管理要素进行归纳和总结。随着企业管理思想和管理体系的不断发展，如果有新的要素出现，EBPM 架构也会及时纳入这些新的要素，不断进行自我修正和完善。

3.1　管理要素架构

"管理要素架构" 要解决的实际问题

　　企业管理者要制定一套管理制度或流程时，如果是基于 Office 进行工作，那么一般会先创建一个文件夹，文件夹的名字即制度或流程的名称。在此文件夹中，一般会用 Visio 画一张流程图，但流程图并不能完全讲清楚一个流程的所有详细信息，因此还会用 Word 写一份制度或流程说明文档。同时，管理者还会建立一个子文件夹，这个子文件夹中有此制度和流程所用到的流转表单的模板。做完上述三件事，管理者就认为制定了一套制度或流程。也就是说，流程图、制度或流程文档、表单模板三者构成了一套制度或流程。这就是典型的以离散型的管理文件为技术手段构建企业管理体系的方法，如图 3-3 所示。那么，这样的管理体系有什么问题呢？

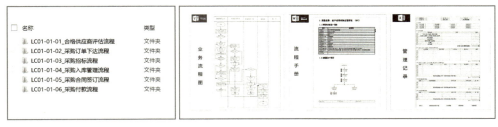

● 图 3-3　文档化的管理体系

1. 同一业务内容在多个文档中进行描述，不一致的问题很容易发生

　　如果我们需要修改某一个制度或流程，比如我们改了流程图中某一流程步骤的名称和相应的岗位，流程手册和表单模板并不会自动更改，而是需要人工逐一修改和替换。然而，人工作业时，这种情况下往往会出现一致性问题。另外，这种多处修改的工作其实也是一种信息的重复录入工作，是一种不增值却又会增加错误概率的简单劳动。

　　如图 3-4 所示，流程手册中提到三张表单，流程图中只出现了两张表单，究竟哪个正确？此类问题的本质是同一业务内容会在不同文档中重复描述，而这种重复描述的内容完全靠人工来确保其一致性，这是很困难的。而重复出现的业务内容如果不一致，员工执行起来必然会无所适从。

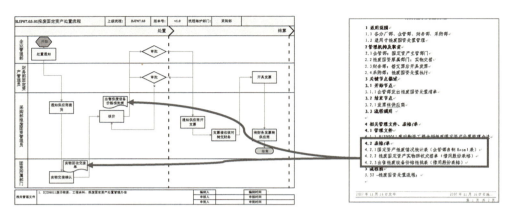

● 图 3-4　同一内容在多个文档中的不一致表述

2. 大家"各说各话"，不说"普通话"

不同的人在描述相同的制度或流程时，或者同一批人在不同的时间点描述同一个制度或流程时，没有一套强制性的描述规范，因此会出现描述的差异。比如，同样对于"供应商询价"这个"流程步骤"，有时描述成<向供应商询问材料价格>，有时描述成<向供应商询价>，而完成此事的岗位有的描述成<采购助理>，有的又描述成<采购业务助理>。之后，当不同的人来读这两个步骤时就会产生不同的理解。有的人可能会认为<向供应商询价>与<向供应商询问材料价格>不是同一个步骤，因为前者的"询价"不仅限于材料的价格，而后者仅指询问材料价格。同样，有的人会认为<采购助理>和<采购业务助理>是同一个岗位，而有的人可能会认为它们是两个不同的岗位。如果 IT 人员基于此开发系统，就会出现是设定两个不同的角色并配以两套不同的权限，还是设为同一个角色并匹配同一套权限的理解差异。由于没有强制性的描述规范，各部门间或业务人员与 IT 人员在讨论同一个业务环节时，往往会发生"各说各话"的现象，都认为对方懂了，但其实大家说的是两回事。

3. 管理要素间没有实现关联，修改和分析都很困难

基于文档化的管理文件构建的管理体系，没有体现管理要素间的关联关系，没有真正细化到要素级别来构建管理体系。这给管理体系的维护和分析都带来了很大的困难。

比如，描述完一套采购部门的管理制度或流程后，如果我们想要知道这套管理体系究竟涉及多少岗位，每个岗位涉及多少流程，或者我们想出具一套采购部门各岗位的职责及操作说明，通常需要根据这套文档重新进行整理，而不能直接获得这些原本已存在的信息。比如，某企业在 ERP 系统上线后想基于蓝图手册整理一套 ERP 系统的授权要求，结果发现这些早已在蓝图手册中存在的信息，却很难轻易获得。因为蓝图手册是基

于流程描述的，现在希望基于岗位整理一套每个岗位参与的流程步骤和对应的系统功能，以便据此在 ERP 系统中对相应的人员进行授权，就需要人工一本本查阅蓝图手册，再由人工基于每个岗位进行整理和汇总，最后才能出具《ERP 系统岗位功能授权表》。所以，以管理文件为载体的企业管理体系，很难从要素级别上进行汇总和优化分析。

上述案例中，更让人头痛的是，因为没有实现要素间的关联，如果因为某种原因修改了流程设计，《ERP 系统岗位功能授权表》这份文档并不会自动更新，而是需要人工修改。再比如，企业进行了组织架构调整，将<人事部>的名称改为<人力资源管理部>。此时，管理者就遇到了一个说大不大，说小不小的问题。即要不要将所有管理文件中提到<人事部>的地方都改成<人力资源管理部>，并重新发布新的管理文档？

如果回答"是"，那么就需要投入大量人力，但仅仅是为了改一个名称；如果回答"否"，那么，承载企业管理体系的管理文件中的描述就是不正确的。很多企业此时采取的是一种"打补丁"的方法，即发通知，告之大家<人事部>改为<人力资源管理部>了，今后凡是看到文件中出现<人事部>字样，应统一理解为<人力资源管理部>。久而久之，管理体系的"补丁"就越来越多。更有甚者，有的企业员工在翻看一本制度时，还要结合十几份"补丁"才能看懂。大家把这些"补丁"戏称为将正式文本中的制度或流程说明翻译成真正含义的"密码本"。

针对上述问题，EBPM 方法论给出的解决方案是：**基于管理要素构建企业管理体系模型（简称为"管理体系建模"）。**

从技术层面上来说，本方案是基于一套"管理要素"构建"模型化"企业管理体系。所谓"模型化"是相对于 Word、Excel 和 Visio 为代表的"文档化"的制度和流程而言的。模型化的技术手段，具体来说就是利用 EBPM 平台为管理体系的描述事先定义一套规则和方法，并基于这套标准的规则和方法搭建一个完整的企业管理体系模型。这套模型具有多维度、多视图、多层次和多格式的特点，从而为不同层次、不同部门的人员提供一个可以协同进行管理体系设计、分析以及治理的工作平台。企业的制度和流程都在此"模型化"的软件平台上建立、修改和发布；企业的制度和流程文档可以通过这套软件上的模型自动生成，而不再靠人工去撰写。

从管理层面上来说，本方案提供了一套梳理和优化企业制度和流程的思路及方法，并能有效地进行持续管理。更为重要的是，此方案可以确保企业的流程、制度、绩效、职责和岗位等管理要素实现规范化、精细化、一体化的管理。

战略视图：描述企业战略体系的要素

战略视图由战略目标、商业模式、价值链、服务树、业务能力和管控模式这六个部分构成。一个完整的战略体系模型就是要完成这六个模型的构建。同时，要在战略体系与运营体系之间构建对接路径。

1. 战略目标-绩效指标

如图 3-5 所示，<战略目标-绩效指标>构建了从战略体系到运营体系的第一条对接路径。

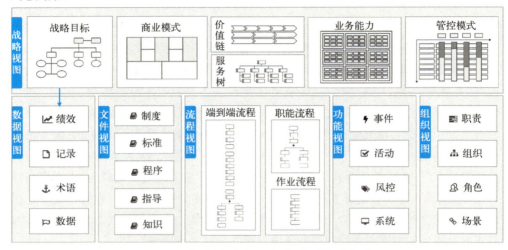

● 图 3-5　战略体系与运营体系对接路径之一

➤ 战略目标模型

战略目标模型由<愿景>、<使命>、<策略>和<战略目标>四部分构成。

● 愿景：描述了企业未来期望达到的状态，不涉及如何达到。

● 使命：从顶层描述企业的长期业务活动，即什么是企业设想的日常业务活动。
"使命"将"愿景"变得可操作化。

● 策略：是一个基础性的，长期的业务行为（可能由多个维度组成），该企业及其下属分支机构通过执行这些"策略"以达到"愿景"目标。

● 战略目标：广义上定义企业必须达到的目标，以促成战略成功实现。

图 3-6 所示的示例是一家管理咨询公司的战略目标模型示意图，其主要内容如下所述。

● 愿景：<成为领先的业务流程管理解决方案供应商>

● 使命：<助力企业构建卓越业务流程管理体系>

● 策略：<实现公司业绩高速成长>、<提供高质量的咨询服务>、<提供先进的方法论和工具>。

● 战略目标：针对每一项策略，都拟定的具体的战略目标。比如，针对<实现公司业绩高速成长>拟定的战略目标是<咨询服务营收年复合增长率

10%><工具平台营收年复合增长率 30%><年签约 500 强企业 5 家以上>及<客户满意度 96%以上>。

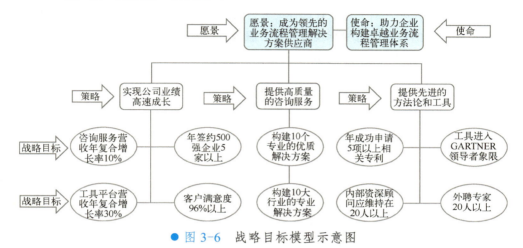

● 图 3-6 战略目标模型示意图

　　如图 3-7 所示，针对每一项战略目标，都应分析并构建对应的关键成功因素（Key Successful Factors，KSF）。

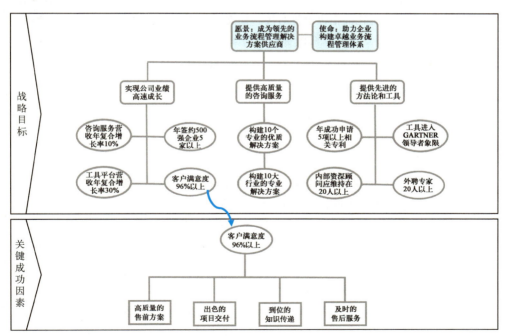

● 图 3-7 关键成功因素

关键成功因素是对企业达成战略目标起关键作用的因素。通过分析找出使企业达成战略目标的关键因素，然后再围绕这些关键因素来构建配套的运营体系。

如图 3-8 所示，对于这家管理咨询公司而言，<高质量的售前方案><出色的项目交付><到位的知识传递>和<及时的售后服务>这四项是针对<客户满意度 96%以上>这个战略目标的关键成功因素。

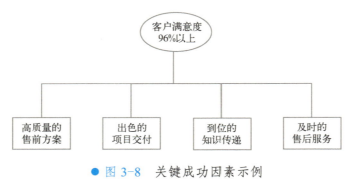

● 图 3-8　关键成功因素示例

➤ 绩效指标

针对每一项关键成功因素都应往下展开到具体的<绩效指标>，即此关键成功因素是否达成了，必须有量化的指标进行对接。如图 3-9 所示，对于这家管理咨询公司而言，项目的<按时完成率 90%><验收评价优秀率 90%>是对接<出色的项目交付>这个关键成功因素的两个<绩效指标>。到这里，战略体系和运营体系完成了一个对接路径。

2. 商业模式-价值链&服务树-流程

如图 3-10 所示，<商业模式-价值链&服务树-流程>构建了战略体系与运营体系的第二条对接路径。

➤ 商业模式

商业模式描述了企业创造价值、传递价值和获取价值的基本原理。EBPM 方法论推荐采用<商业模式画布（Business Model Canvas）>的方法来构建企业的商业模式模型。

如图 3-11 所示，客户是任何商业模式的核心，所以<客户细分>是商业模式画布中最核心的部分，没有（可获益的）客户，就没有可以长久存活的企业。为了更好地满足客户，企业可能把客户分成不同的细分区隔，每个细分区隔中的客户具有共同的需求、共同的行为和其他共同的属性。商业模式可以定义一个或多个或大或小的客户细分群体。企业必须做出合理决议，到底该服务哪些客户细分群体，该忽略哪些客户细分群体。一旦做出决议，就可以凭借对特定客户群体需求的深刻理解，仔细设计相应的商业模式。关于<商业模式画布>旳更多内容，请参考相关书籍。

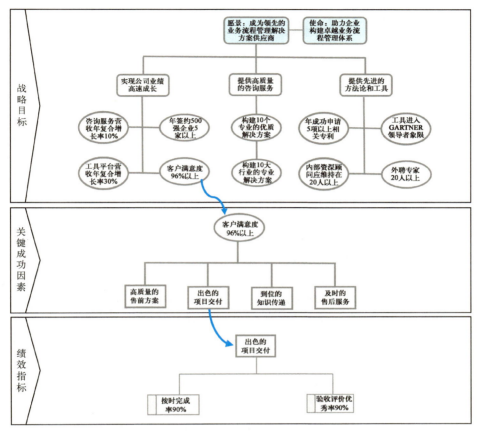

● 图 3-9　战略目标-关键成功因素-绩效指标对接关系示意图

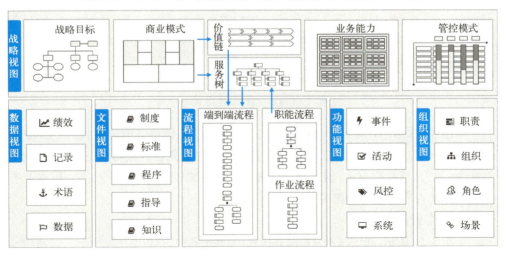

● 图 3-10　战略体系与运营体系对接路径之二

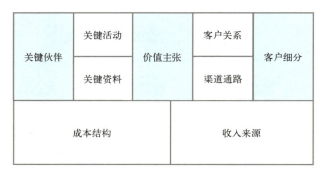

● 图 3-11　商业模式模型示意图

➤ 价值链

价值链（Value Chain）的概念首先由迈克尔·波特（Michael E. Porter）提出。企业要生存和发展，必须为企业的股东和其他利益集团包括员工、顾客、供货商以及所在地区和相关行业等创造价值。可以把企业创造价值的过程分解为一系列互不相同但又相互关联的"业务活动"，称之为"增值活动"，其总和即构成企业的"价值链"。

如图 3-12 所示，企业的<价值链>可以分为<核心价值链>和<辅助价值链>两大部分。其中<核心价值链>是直接与企业向客户提供的产品和服务相关的"业务活动"。<辅助价值链>是对<核心价值链>起到支持作用的增值活动。不同的行业，不同的企业，其<核心价值链>会有较大的区别。

● 图 3-12　价值链示意图

如图 3-13 所示，对于管理咨询公司来说，其核心价值链中的<材料供应>变为<顾问资源供应>，即需要从公司内外部资源池中找到最佳的顾问来完成项目。<生产管理>改为<项目交付>，因为对于管理咨询公司来说，没有生产环节。更多关于<价值链>的内容，请参考相关书籍。

➤ 服务树

如图 3-14 所示，通过深入分析商业模式，尤其是其中的<价值主张>和<关键活动>，可以导出企业的<价值链>。同时，以<客户细分>为核心可以梳理出企业的<服务树>。

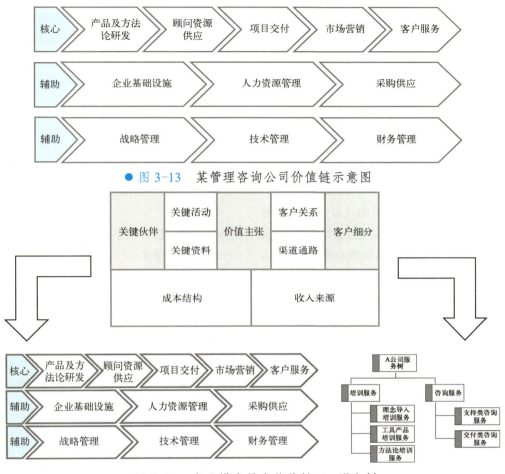

● 图 3-13 　某管理咨询公司价值链示意图

● 图 3-14 　商业模式导出价值链 & 服务树

（1）什么是"服务"

"服务"即"业务服务"，它是"业务流程"最根本的输出。一个输出的"服务"由两个核心概念构成 ，一个是"对象"，另一个是此"对象"输出后的状态。EBPM方法论中的"服务"是一个广义的概念，不管最终输出的"服务"是什么形式，是一种产品还是纯粹是一项服务，都称为输出一项"服务"。

说明一：一个"服务"一定是一系列有序的、相互关联的"业务活动"的输出，其针对的"对象"和代表的"状态"由这组活动最后一个活动导致的"事件"表示。

说明二：一定是在一系列有序的、相互关联的"业务活动"中的最后一个活动完成后才会输出一个完整的最小颗粒度的"服务"，中间不会输出"服务"。

说明三："服务"是一条具有独立触发点的"职能流程链"，输出一个最小颗粒度的"服务"。"服务"的本质是一条最小颗粒度的"职能流程链（事件-活动链）"。

一项独立的"服务"代表了这样的含义：达到某个独立触发条件后，输出此项"服务"的流程开始启动，后续的活动都必然会按事先定义的逻辑发生。后续活动是否发生，完全取决于前一个活动的完成状况，与其他条件无关。只要前一个活动完成且输出了相应的状态，后续活动一定会接着启动，直至本条"流程"结束，并且输出了或完成了这项"服务"。

（2）"服务"的颗粒度

一个"最小颗粒度的服务"是由一条具有独立触发点的"职能流程链"即"事件-活动链"输出的，其输出的"内容"和代表的"状态"由这条"事件-活动链"的最后一个活动导致的"事件"来体现。

所有"最小颗粒度的服务"构成企业管理体系中的一份"服务菜单"，就像餐馆的菜单一样。比如一家餐馆的菜单上有：A-米饭、B-米饭+青菜+排骨套餐这两种选项，这两种选项就是这家菜馆提供的两种最小颗粒度的"服务"。客户的需求可以是单点米饭，也可以是单点套餐，但是不可以单点青菜，因为这家餐馆没有这项服务，要么点整个套餐，要么只点米饭。当然，也可以是"米饭+青菜+排骨"再加一碗"米饭"。即客户需要"A"和"B"两项服务时，饭店就将这两个最小颗粒度的服务合成一套"服务组合"，最终满足客户的需求。那么，如果客户就想要单点青菜呢？现在，饭店有单独做青菜的能力，但是不提供这项服务。此时，就需要由管理者决定是否单独增加这项服务，如果饭店的管理者决定增加，就应将此项服务也放到菜单上去。

（3）什么是"服务树"

"服务树"就是企业的服务清单，EBPM 方法论中的"服务树"是对企业内外部客户的服务清单。图 3-15 所示是某管理咨询公司对外部客户的服务清单，即"服务树"。

如图 3-16 所示，通过完整梳理企业所有<价值链>及其最终是对谁产生价值，可以理出"端到端流程"的清单。梳理"端到端流程"清单时，一定要落实到"需求"上。有人需要才真正有价值，所以价值判断的根本原则是"谁需要"和具体"需要什么"。而企业的<端到端流程架构>就是针对每一项"业务需求"构建满足此需求的完整业务过程。这个需求如何满足呢？可通过提供"服务"，即通过选用<服务树>中的一项或多项服务，来满足"业务需求"。如前文所述，"服务"又是由一段"事件-活动链"或"职能流程链"构成的，所以就构建了"职能流程"-"服务"-"端到端流程"这样一条对接路径。由于"职能流程"构成"服务"，"服务"（一项或多项服务）满足"业务需求"（一个"需求"对应一条"端到端流程"），因此也可以认为"端到端流程"是由"职能流程"构成的。这就好比，如果某类物质是由分子构成的，而分子是由原子构成的，因此也可以认为此类物质是由原子构成的。

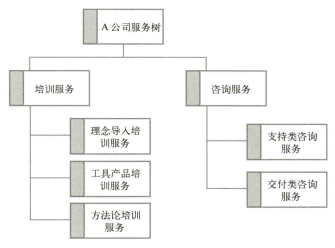

● 图 3-15 "服务树"示意图

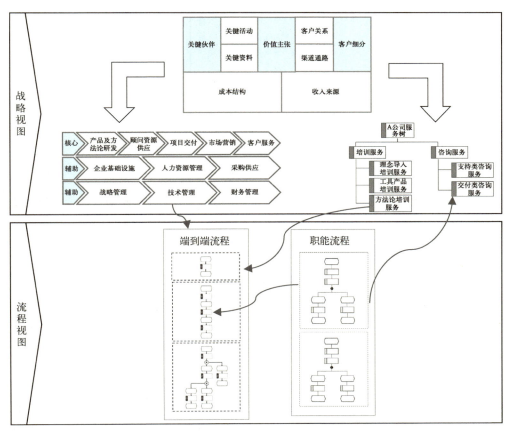

● 图 3-16 战略体系与运营体系对接路径之二详图

"服务"是 EBPM 方法论中较难理解的一个概念。这里有一个识别"服务"的简单方法："端到端流程"中独立触发的一段"职能流程链"就是一个最小颗粒度的"服务"，如图 3-17 所示。关于独立触发的概念请参见 3.2 节中"端到端流程"的定义及切分原则。

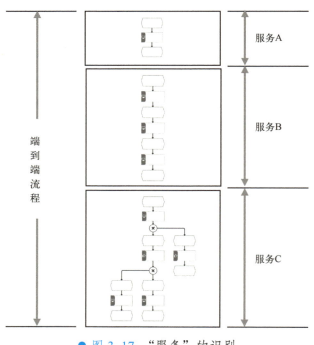

● 图 3-17 "服务"的识别

总之，<商业模式-价值链&服务树-流程>构建了战略体系与运营体系的第二条对接路径。

3. 能力-绩效&职责&职能&风险

"能力"是完成一项目标或者任务所体现出来的综合素质。企业的"业务能力"就是企业处理各种"业务事项"的能力。所以，可以认为"末级能力项"就是企业要处理的各种"业务事项"。"业务能力"在战略体系与运营体系的对接中起到了非常关键的作用。如图 3-18 所示，与"业务能力"直接对接的运营要素多达四类，分别是绩效、职责、职能和风控。

企业应按自身情况对"业务能力"进行分级，如图 3-19 所示，"业务能力"通常分为三级，即能力一级分类、能力二级分类、末级能力清单（末级能力项）。而"末级能力项"则应与绩效、职责、职能和风险完成对接。所谓对接，是指每一个"末级能力项"都应考虑是否需要构建对应的绩效、职责、职能和风险。当然，不是每一个"末级能力项"都一定要引入这四类要素。基于 EBPM 方法论中的"平衡原则"，有管理需要时才引入新的要素。但是，为了确保每一个"末级能力项"都被认真、完整地分析过是否需要引入这些要素，同时也为后续的优化分析和动态调整提供便利，通常将绩效、职责、职能和风险这四类要素的分类架构与能力的分类架构完全保持一致。

● 图 3-18 战略体系与运营体系对接路径之三

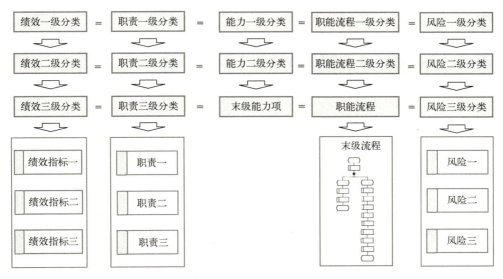

● 图 3-19 能力架构与绩效、职能、职责和风险架构的关系示意图

比如，某一个"末级能力项"可能有对应的"职责条款"，但没有对应的"绩效指标"，但在"绩效"的基本分类架构中，仍要构建针对此"末级能力项"的分类项，即使现在没有构建任何"绩效指标"。这样，可以全面了解哪些"末级能力项"现在有指标来衡量，而哪些又没有。

当然，也有一些企业并不强求业务能力、绩效、职责、职能和风险这五个要素基本分类架构的一致性，而是只确保每一个"末级能力项"与绩效、职责、职能和风险构建了对应关系，但五类要素都有各自不同的分类分层架构。这样处理当然是可以的，只不过最终可能会发现，这五个分类分层架构非常相似。

总之，<业务能力-绩效&职责&职能&风险>构建了战略体系至运营体系的第三条对接路径。

4. 管控模式-授权（场景）

所谓"管控模式"就是指集团对下属企业基于集/分权程度的不同而形成的管控策略。当然，如果不是集团型企业，也可以引入管控模式的概念，此时的集/分权是指在企业内部不同管理层级间的集/分权。<管控模式-授权场景>对接路径如图 3-20 所示。这里，"授权条件"是<场景>这类要素的一种应用。

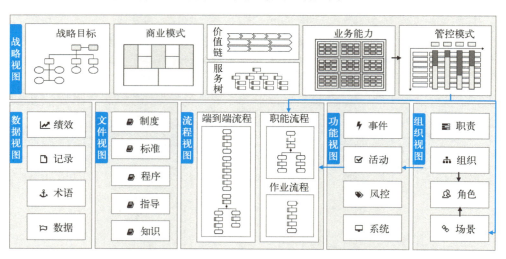

● 图 3-20　战略体系与运营体系对接路径之四

<管控模式>是通过<管控模式矩阵>模型来构建的。其横坐标对接<业务能力>模型中的"末级能力项（业务事项）"；纵坐标通过权力体系的分类对接到"流程步骤"中的动词；交叉点是管控等级，最终对应到"流程步骤"中授权可以执行此任务的"岗位"或"人员"，从而实现对于管控模式的描述和控制。

➢ 管控模式矩阵

图 3-21 所示的<管控模式矩阵>是 EBPM 方法论构建<管控模式>的主要模型。该矩阵中的横坐标是"末级能力"，也就是"业务事项"，纵坐标是权力的分类及具体名称。

末级能力（业务事项）		差旅费用	加班费用	团建费用	办公耗材
A	审批权	部门		公司	公司
A	决策权	科室		部门	公司
C	审核权	科室		部门	公司
C	建议权				
C	申请权			部门	科室
R	执行权				
R	制定权				
I	发布权				
I	知情权				

● 图 3-21　<管控模式矩阵>示意图

➢ 纵坐标：权力的四九分类法

一般来说可以将企业的权力按照 RACI 分成四类九种，这九种权力又分别与"流程步骤"中的"业务活动"相对应，即每一个"业务活动"可以根据步骤名称中动词的不同，对应于某一类权力。传统的 RACI 是指对角色的分类，而在 EBPM方法论中，用来对企业管理的权力进行分类，确切地说是对"业务活动"中的【业务动词】进行分类。关于这部分更为详尽的说明，请参见本书 3.1 节中的功能视图描述部分。

（1）A 类权力

● 审批权：指对授权事项提出最终判定结果的权力，一般只能授予一个授权对象。

● 决策权：指对授权事项做出决定的权力，一般只能授予一个授权对象。

（2）C 类权力

● 审核权：从某些方面对授权事项提出专业性的结论，以影响决策的权力。

- 建议权：对授权事项提出建议或方案的权力。
- 申请权：对授权事项发起需求或提出申请的权力。

（3）R 类权力

- 执行权：完成授权事项相关操作的权力。
- 制定权：制定授权事项相关内容的权力。

（4）I 类权力

- 发布权：对授权事项的相关信息进行发布和解释的权力。
- 知情权：获得授权事项相关信息的权力。这里的知情权是指应被主动告之，而不是有权询问和了解。

权力的"四九分类法"是 EBPM 方法论建议的分类方法，但并不是说企业必须这样分类，在实际操作过程中，企业完全可以基于自身的管理需求和理解加以调整。

➤ 横坐标：业务事项

<管控模式矩阵>中的横坐标是"业务能力"中的<末级能力项>也就是"业务事项"。当然，不是所有的<末级能力项>都应作为"业务事项"出现在<管控模式矩阵>的横坐标中。只有那些管理者认为需要纳入管控模式的"业务事项"才应出现在<管控模式矩阵>的横坐标中。如果管理者认为<差旅费用>并不是一个关键管控事项，那么就不需要纳入<管控模式矩阵>。

➤ 交叉点：管控级别

<管控模式矩阵>中横坐标和纵坐标的交叉点是<管控级别>，指与运营体系对接后，对此"业务事项"（横坐标）的某一类"业务权力"（纵坐标）应授权的级别。级别可以根据企业的实际管理需求来定义。比如定义为集团级、公司级、部门级、科室级等。同样，不是每一个"业务事项"都有所谓的九种权力，也不是所有的权力都需要设定<管控级别>，这些都完全取决于管理的需要。

<管控模式矩阵>的<管控级别>一般是按企业管理层级来分配的，在与运营体系对接并具体落实到相关岗位或人员时，<管控模式矩阵>起到一个控制作用。比如，<团建费用>的<审批权>在<管控模式矩阵>中设为<公司级>，那么对应的"流程步骤"，即<审批团建费用申请>，分配的员工必须是<公司级>的主管，否则 EBPM 平台会自动报错。

组织视图：描述企业组织体系的要素

1. 业务职责（简称为"职责"）

"业务职责"是指任职者为实现企业的"业务能力"所负责的相关工作，以及完成这些工作所需承担的相应责任。

如图 3-22 所示，"职责"是承接"战略管理体系"中的"业务能力"而来的。针对每一项"末级能力项（业务事项）"都应构建至少一个对应的<职责条款>对象。当然，如果需要的话，构建多个也是可以的。换句话说，"职责"对"能力"应实现全覆盖。

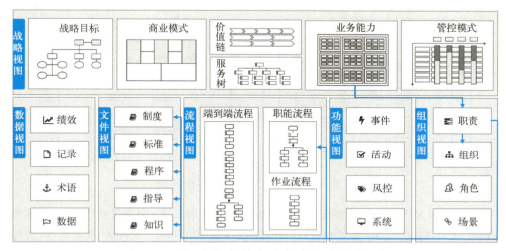

● 图 3-22　"职责"与其他要素的关联关系示意图

在运营体系中，"职责"一般直接通过"组织架构"落实到组织中的"任职者"，所以"职责"通常是指"组织职责"。在图 3-22 中，"职责"还可以与"职能流程"建立关联关系，即描述具体落实这些"职责"的"业务活动"有哪些。

另外，"职责"还可以被<文件视图>中的各类管理体系文件模型所引用。需要指出的是，现在很多管理者在撰写管理文件时会随手在文档中写出很多职责条款，如果基于 EBPM 方法论来构建管理模型，这些管理文件中的"职责条款"也是不可以随意添加的，应从<职责分类架构>中选择。

➢ 职责架构

"职责条款"是一个个独立的管理要素，这些"职责条款"本身也可以按管理的类别进行分类，建立<职责分类架构>，<职责分类架构>也可以用来分析"职责条款"是否有缺失或冗余。在前面的战略视图描述中提到过，如果企业构建了<能力分类架构>模型，<职责分类架构>通常应与<能力分类架构>保持一致。如果没有构建<能力分类架构>，才需另行梳理一套<职责分类架构>。

➢ "职责体系"的小闭环

如图 3-23 所示，"职责条款"与"组织架构""职能流程""流程步骤"构成了一个管理的闭环，这个闭环称为"职责体系"。基于此管理闭环可以进行责权一致性的分析。

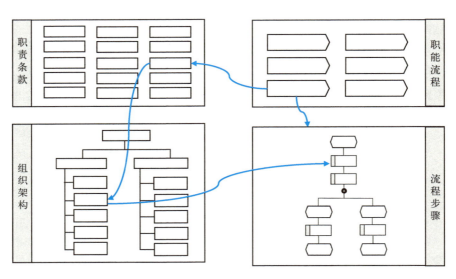

● 图 3-23　"职责体系"的小闭环

　　图 3-24 所示为构成完整闭环的"职责体系"，即将一条<职责条款 I>赋予了某个<岗位 A>；同时，与此<职责条款 I>对应的<职能流程 P>中，<岗位 A>负责执行<流程步骤 P1>。如果由 EBPM 平台自动生成一份图 3-25 所示的《责权一致性分析表》，可以发现，对于<岗位 A>来说，其既有"责"又有相应的"权"。而对于未构成完整闭环的情况（见图 3-26），可以发现，对于<岗位 A>来说，他"有责无权"，因为<岗位 A>在此"职责"对应的"职能流程"中什么"流程步骤"都不参与，如图 3-27 所示。

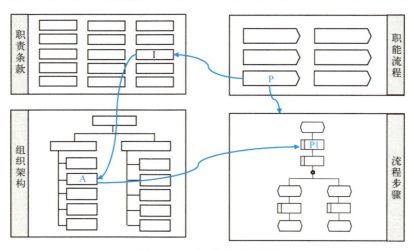

● 图 3-24　构成完整的闭环

职责条款	职责条款所 对应的岗位	职责条款所对 应的职能流程	岗位在流程中的权力			
			R	A	C	I
职责条款I	岗位A	流程P	✓			
负责制定生产计划	生产部计划员	生产计划制定流程	✓			

● 图 3-25　构成完整闭环时的《责权一致性分析表》

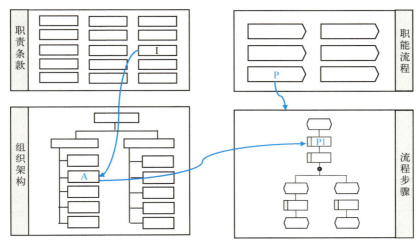

● 图 3-26　未构成完整的闭环

职责条款	职责条款所 对应的岗位	职责条款所对 应的职能流程	岗位在流程中的权力			
			R	A	C	I
职责条款I	岗位A	流程P				
负责制定生产计划	生产部计划员	生产计划制定流程				

● 图 3-27　未构成完整闭环时的《责权一致性分析表》

举例来说，图 3-25 所示的《责权一致性分析表》的第二行中，构成完整闭环时，<生产部计划员>被赋予了一项职责，即<负责制定生产计划>，而在<生产计划制定流程>中，<生产部计划员>参与了 R 类即执行类的工作，所以"责""权"是一致的。如果在"职责体系"未构成完整的闭环，那么从图 3-27 所示的《责权一致性分析表》表的第二行中会发现，<生产部计划员>被赋予了一项职责，即<负责制定生产计划>，而在<生产计划制定流程>中，<生产部计划员>不参与任何"流程步骤"，什么权力都没有。这当然是属于"责""权"不一致的情况。

如图 3-28 所示的未构成完整闭环的情况，在《责权一致性分析表》中体现为，<岗位 A>有权力无职责。就如图 3-29 中第二行所示，<生产部计划员>在<生产计划制定流程>中执行一个 R 类的"流程步骤"，如<制定生产计划>。但是，<负责制定生产计划>这项职责并没有赋予他，这是典型的"有权无责"。

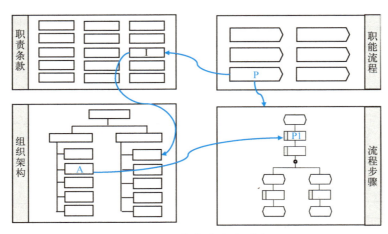

● 图 3-28 未构成完整的闭环

职责条款	职责条款所对应的岗位	职责条款所对应的职能流程	岗位在流程中的权力			
			R	A	C	I
	岗位A	流程P	✓			
	生产部计划员	生产计划制定流程	✓			

● 图 3-29 未构成完整闭环时的《责权一致性分析表》

另外，即使某一职责条款构成了完整的"职责体系"闭环，如果所参与的"流程步骤"属于 I 类权力即知情权，从责权一致性角度来说，也可能是存在问题的，如图 3-30 所示。

职责条款	职责条款所对应的岗位	职责条款所对应的职能流程	岗位在流程中的权力			
			R	A	C	I
职责条款I	岗位A	流程P				✓
负责制定生产计划	生产部计划员	生产计划制订流程				✓

● 图 3-30 岗位仅具有 I 类权力时的《责权一致性分析表》

➢ "职责体系"的大闭环

如果构建了<能力架构>，那么"职责体系"的这个闭环就变成了从战略到运营的大闭环。对于<末级能力项>，"职责"应对其实现全覆盖，所以每个<末级能力项>至少对应一条<职责条款>，当然也可以是多条。然后将这些<职责条款>赋予某<岗位>，企业就具备了这项能力，如图 3-31 所示。这是比较粗放的管理方式，能力的好坏完全取决于人的能力高低。当然，如果人能胜任，这就是最为简洁有效的管理体系。

如有进一步的管理要求，则需要引入"流程"等其他管理要素，如图 3-32 所示。本书第 2 章开始介绍的<办公场所饮用水的保障能力>案例就很好地说明了这个

道理。总之，由<能力架构><职责条款><组织架构><职能流程><流程步骤>构成的
大管理闭环，是另一种<职责体系>的构建方法。

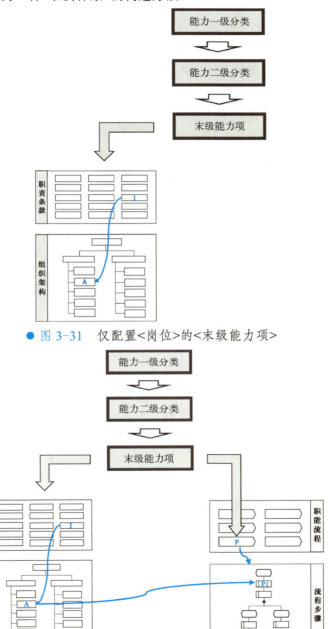

● 图 3-31　仅配置<岗位>的<末级能力项>

● 图 3-32　引入"职能流程"的<末级能力项>

2. 组织架构（简称为"组织"）

"组织架构"是一个组织的整体结构，展现了企业所涵盖的各个组织单元（集团、公司、部门、科室和岗位等），以及组织单元之间的从属关系。组织架构是实现企业战略的组织形式，是最能直观展现企业管理方式的要素，也是构建公司管理层级、权限分配及职能设置的基础性要素。

现代企业的组织架构本质上是一个分工协作的体系，按职能构建职能单位，按流程实现协同工作。如图 3-33 所示，承接<战略管理体系>中的<业务能力>来构建<组织架构>中的各职能单位；对接<管控模式>来构建<组织架构>中的管理层级。当然，如何设置组织架构，除了<业务能力>和<管控模式>外，还有很多因素需要考虑。但是，<业务能力>和<管控模式>是构建企业组织架构的两个最重要，也是最基本的考虑因素。

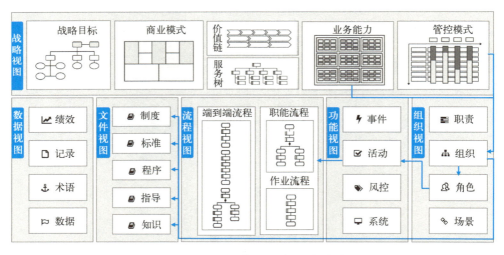

● 图 3-33 "组织"与其他要素的关联关系示意图

在<运营管理体系>层面，"组织"作为一个最为基础性的要素，主要被"角色""职能流程""端到端流程"和<文件视图>中的各类管理体系文件模型所引用。

事实上，所有管理要素都存在分配相应的"组织"来明确谁是这些要素的主人的问题，即由谁来负责这些要素的创建和维护工作。从这个角度来说，所有管理要素都会引用"组织"这个要素。为了简化起见，图 3-33 中省略了由于分配要素维护的责任单位而导致的要素间的引用关系，仅体现由于其他的管理逻辑而导致引用"组织"这个管理要素的情况。

比如，<文件视图>中的各类管理体系文件模型，可能会需要描述本文件的适用范围，在构建模型时，适用范围就是从<组织架构>这个要素模型中进行选择，不可以随意创建。

"组织"–"角色"–"活动"–"职能流程"这条要素对接路径，用来描述"流程步骤"由谁负责执行的问题。

3. 业务角色（简称为"角色"）

EBPM 方法论认为企业管理体系中的"角色"对应一个或一组"业务活动"并代表一个或一组"业务权力"。相同的"角色"从事相同的"业务活动"，拥有相同的"业务权力"。一组"业务活动"也可以只有一个"业务活动"，即一个"角色"对应一个"业务活动"也是可以的。

如图 3-34 所示，"角色"–"活动"是"角色"的主要关联关系。"组织"可以被赋予"角色"，从而间接实现了"组织"与"活动"的关联。"角色"还经常被<文件视图>中的各类管理体系文件模型所引用。事实上，有时就是因为引入管理体系而带来一批"角色"。比如，引入 ISO 9001 体系时，<质量代表><内审员>等就是体系自带的"角色"。一旦体系引入本企业，这些"角色"也必须被纳入同一个<角色分类架构>中。

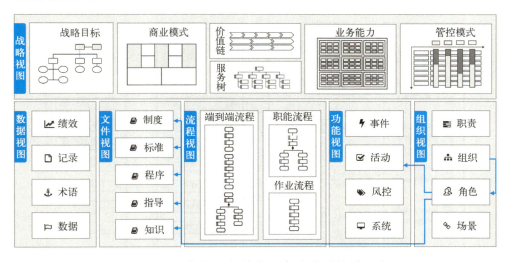

● 图 3-34 "角色"与其他要素的关联关系示意图

➤ "角色"应与"活动"关联

"角色"如果仅有一个名称，没有与"业务活动"关联，那么这个"角色"其实没有什么实际意义。即"组织"内如果设定了一个"角色"，但这个"角色"不做任何工作，则这个"角色"就如同没有设定一样。所以，"角色"是因"业务活动"

而产生的概念。

> "角色"与"岗位"的区别

"岗位"是企业<组织架构>中一个确定的节点。"岗位"是因<组织架构>而产生的，所以，"岗位"一般都有定编，缺了就要补上，正所谓"一个萝卜一个坑"。

"角色"是因"业务活动"而产生的，对应的是一组"业务活动"。当"业务活动"没有实际发生时，"角色"不一定要对应到具体的人，也可能根本对应不到具体的人。比如，对很多企业来说，"项目经理"是一个"角色"，而不是一个"岗位"，不会明确必须有四个"项目经理"，缺一个就要马上招人，要补上。只有当真正有项目启动时，比如同时启动了两个管理咨询项目，才明确需要两个项目经理，此时可以选派任何"岗位"上的人来担当这个"角色"，只要这个人能胜任。

图 3-35 所示的<业务费用报销流程>的第一步是<提交业务费用报销申请>，完成人是<报销申请人>。这个"业务活动"在没有发生时，<报销申请人>是无法对应到具体的"岗位"或人的。而当这个"业务活动"发生时，一定会对应到具体的人，因为 <提交业务费用报销申请>这个"业务活动"之所以发生，一定是有人完成了此活动。

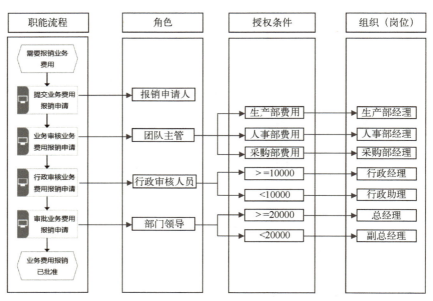

● 图 3-35 "角色"与"活动"和"岗位"的关联

<报销申请人>是一个"角色"，而不是一个"岗位"，因为<报销申请人>并不是"组织架构"中的一个节点和对象，不属于某个部门或科室。在企业的"组织架构模型"中是找不到<报销申请人>这个对象的。

而且，<报销申请人>这个"角色"还无法与"岗位"关联，因为企业组织架构内几乎所有的"岗位"都可以提交报销申请，如果非要将"岗位"匹配给本步骤，则需要将企业所有的"岗位"都关联上。在实际操作中，这当然是不可能的，也是无意义的。

➤ "角色"与"岗位"的关联

EBPM 方法论要求每一个"流程步骤"都要先连接一个"角色"，然后再将"角色"与"岗位"关联。在"角色"与"岗位"关联时，可能还存在"授权"的问题。

通过"流程步骤"关联"角色"，再由"角色"关联"岗位"的方式，实现"流程"与"岗位"的"松耦合"。当组织架构有调整时，只要断开原来的"角色"和"岗位"关联关系，重新分配新的关联关系即可。

需要特别指出的是，EBPM 方法论默认企业是有"岗位"的，所以与"角色"关联的是"岗位"。但在实际操作中，有的企业没有"岗位"的设置，部门下面直接是"人"，此时就要将"人"与"角色"进行关联。有的企业管理的细度一时不够，希望先构建 EBPM 架构模型，然后再逐步细化，此时也可以先将"角色"与"部门"关联，然后再细化到"岗位"或"人"。

当前很多企业在绘制流程图时，对于"流程步骤"执行人的描述是很混乱的，基本的问题就是"角色""岗位"不分，也没有任何相关的规则，想写"角色"就写"角色"，想写"岗位"就写"岗位"，有的甚至既不是"角色"也不是"岗位"。比如某一"流程步骤"由"相关部门""相关人员"负责执行这样的设置。所以，当员工基于这样的流程图开始执行流程时，不同的人会有不同的解读，自然会有不同的做法。

➤ 用"角色"构建虚拟组织

各种专项委员会等虚拟组织是对现有"职能型组织"的有效补充和增强。例如：一个企业的日常采购、生产和销售分属不同的职能部门，但它可以建立一个"供应链管理委员会"，一旦面临重要的订单，该委员会可按照"流程型组织"运作，从采购、生产和销售部门吸纳成员，然后协同执行整个端到端流程。在这个过程中，各部门成员按照既定流程执行，所有需要协调的问题都由委员会解决，而不是由原职能部门领导解决。更关键的是，委员会具有依据流程对各部门成员进行评估的权力。当任务完成时，委员会解散，直至下一次重要任务出现。

4. 业务场景（简称为"场景"）

EBPM 方法论中的"业务场景"是指业务活动发生的特定业务环境，这个特定的业务环境通过一项或一组"场景条件"来描述。

如图 3-36 所示，"场景"是 EBPM 管理体系模型中的超级"黏合剂"，几乎所有要素的梳理都需要基于"场景"来分析。图 3-36 中显示了"场景"与其他要素最主要的几个关联关系。比如，作为"授权条件"与"管理模式"和"角色"关联，来表达授权逻辑；与各类管理文件及条款关联，来描述文件及条款的适用范围；与"业务活动"和"职能流程"关联，来描述"流程变体"。下面介绍一个"业务场景"在"流程变体"和"授权条件"中的应用。

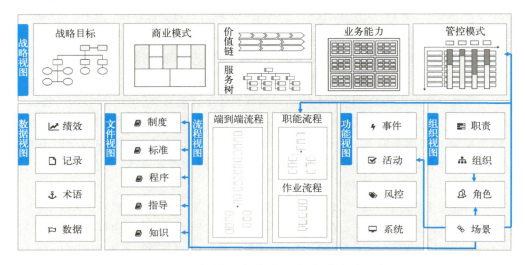

● 图 3-36　"场景"与其他要素关联关系示意图

➤ "职能流程"的"变体"现象

一条"职能流程"在不同的业务环境下，其流程路径完全一样，但"流程步骤"在不同业务场景下会有不同的管理要素组合（比如：不同的输入、输出；不同的制度条款或作业指导等），EBPM 方法论将这种情况称为"职能流程"的"变体"现象。

图 3-37 所示流程是某个<车间日常检修流程>，其中的<下达车间检修任务><检修生产线设备><填报车间检修报告>这几个"流程步骤"在不同的生产车间其《车间检修任务单》的格式和填写内容各不相同，相应的填写要求也各不相同。由于是不同的车间，所以相关的检修要求也各不相同。此时，基于"职能流程"颗粒度的切分原则，由于最终输出的"管理记录"各不相同，所以应将这些过程切分成不同的"职能流程"。但是，如果这样操作，这条<车间日常检修流程>可能需要拆分为 20 条，因为此公司有 20 个生产车间。这种情况就是典型的"职能流程变体"现象。

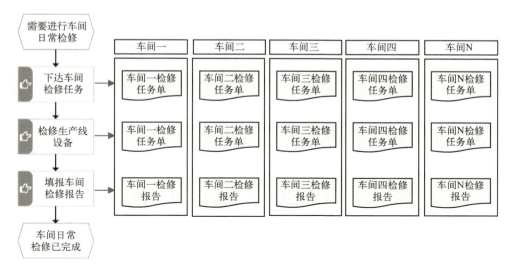

● 图 3-37 "职能流程变体"现象示例

"变体"现象有一个最基本也是最重要的特征，那就是其流程路径是完全一致的，只是相关的管理要素不同。

➤ "业务场景"和"职能流程变体"的关系

"业务场景"对于企业管理者来说并不是一个陌生的名词，不同情况下对于这个名词会有不同的解读和使用。而 EBPM 方法论将"业务场景"作为一个"管理要素"引入到 EBPM 架构中，主要就是用来解决职能流程的"变体"问题。因为这是一个很现实的、必须要处理的建模操作层面的问题。

对于"职能流程变体"现象，最简单的处理方法就是将一条流程拆成不同的"职能流程"。比如，对于上文提到的<车间日常检修流程>的"变体"现象，最简单的处理方法就是按不同的车间将该流程拆成 20 条"职能流程"，即<车间一日常检修流程><车间二日常检修流程><车间三日常检修流程>等。每条流程的流程路径和步骤名称是完全一样的，即流程图是完全一样的，就是各步骤相关的管理要素不同。

拆分法是处理"职能流程变体"现象的一种可行方法。但是，如果觉得这样处理太过烦琐，造成"职能流程"过多，那么还有另一种解决方案，即引入"业务场景"这个管理要素。此时，"职能流程"只画一条，通过构建一张《流程步骤管理要素矩阵表》来解决这个问题，如图 3-38 所示，其横坐标是不同的"业务场景"，纵坐标是"流程步骤"，交叉点是管理要素组合。

如图 3-38 所示，如果某一步骤没有"变体"现象，则只要维护一套相关管理要素；如果有"变体"现象，那么所有"业务场景"都要单独维护一套管理要素。

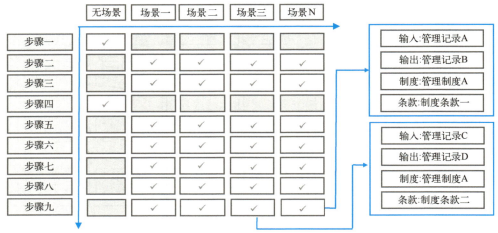

● 图 3-38　流程步骤管理要素矩阵表

如图 3-39 所示，横坐标中的"业务场景"也可能是"业务场景组合"，即不仅仅是一项"业务场景"条件，而是由多项"业务场景"条件构成。

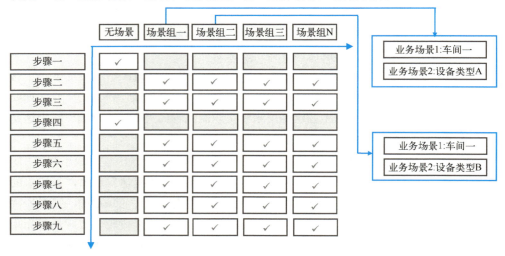

● 图 3-39　场景组合示意图

➤ "权"与"限"

图 3-40 所示为"权"与"限"的关系示意图。EBPM 方法论建议将"权力"分为四类九种，即所谓的"四九分类法"（见 3.1 节第二部分）。这九种权力分别是：审批权、决策权、审核权、建议权、申请权、执行权、制定权、发布权和知情权。而每一种权力都对应一组"流程步骤"中的动词，或者反过来说，每一个"流程步骤"中的动词都对应一种"权力"。"流程步骤"是由【动词】

和【名词】构成的，比如<制定生产计划>，其中<制定>是说明了操作类型的动词，同时代表了<制定权>；而<生产计划>这个名称是宾语，代表此<制定权>的操作对象只能是<生产计划>，对其他的操作对象不拥有<制定权>，所以也是一种限制条件。EBPM 方法论将【操作类型】和【操作对象】称为权限的两个基本要件，即所谓的"授权要件"，这两个要件就构成了一组"权限"。通常，"流程步骤"名称中的【动词+名词】结构就正好是两个"授权要件"，天然构成了一组"权限"。

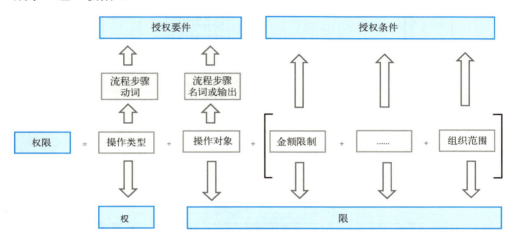

● 图 3-40 "权"与"限"的关系

在"授权要件"的基础上再添加的限制条件，EBPM 方法论称之为"授权条件"。比如，图 3-40 所示的"金额限制"和"组织范围"限制，都是在"授权要件"的基础上增加的限制条件，即"授权条件"。

➤ 授权体系

如图 3-41 所示，由<职能流程><角色><授权条件>和<组织>四大部分构成的体系称为"授权体系"。"授权体系"完成将一项"业务活动"授予"组织架构"中某个节点的过程。这个节点一般为"岗位"，也可以是"人"或者"部门""科室"等，从而实现了"组织"与"活动"的关联。

如图 3-42 所示，如果流程图中的分叉路径体现的是"授权条件"，这种情况下，"授权体系"由两种方式构建而成：一种是在流程的分叉路径"事件"中关联"授权条件"；另一种是在"流程步骤"中通过"角色"-"授权条件"-"岗位"的逻辑完成授权。如果没有"授权条件"，而是由"角色"与"岗位"直接关联，则说明对负责执行此"流程步骤"的"岗位"来说，没有更多的限制条件。

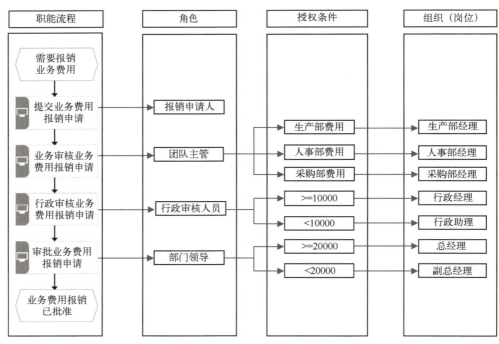

● 图 3-41　"授权体系"示意图

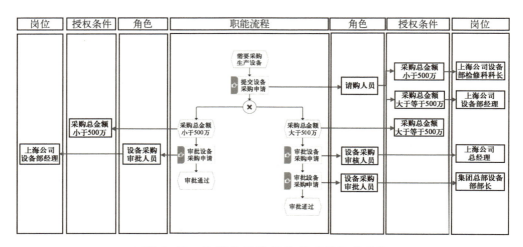

● 图 3-42　流程分叉路径体现"授权条件"

应用案例——为什么职责就是讲不清？

　　某企业的管理者发现随着企业规模的不断扩大，每个员工对于自己的职责似乎没有原来那么清晰了，而且管理者和员工都在抱怨职责不清。所以，管理者组织人员对现有的情况进行了调研，发现当前在职责管理方面存在如下问题。

问题一：员工无法准确和完整地了解自己的职责。职责描述分散，执行者无法完整、准确地加以了解。没有了解，就没有执行！《部门职责书》《岗位职责书》等职责描述文件并没有完整描述某一部门或岗位的所有职责。各类管理制度、管理办法及程序文件中描述了众多各相关部门、岗位和角色的职责，这些职责并不都在《部门职责书》或《岗位职责书》中体现。所以，某一部门或岗位需要了解其所有职责时，就必须一份份文件去查找、汇总和记忆，然后才有履行的可能性。

问题二：部门职责、岗位职责间的继承性和一致性完全靠人工保证。比如，《部门职责书》中其部门没有采购管理相关的职责，而此部门所属的采购员这一岗位的《岗位职责书》中又明确要求该岗位负责公司年度、月度采购计划的管理，而且与绩效考核挂钩。显然，部门职责与本部门所属岗位职责之间并不一致，没有继承性。原因就是人工分别撰写相关内容，而没有统一的规范，更没有统一的职责体系模型。

问题三：职责描述模糊冲突，导致职责不清。没有建立企业统一和规范的职责分类及描述体系，大家各说各话、各归各类。比如，后勤管理部负责固定资产及低值易耗品的采购，此职责写在《非生产性资料的管理》制度文件中；办公用品采购规定写在《办公用品管理》中；技改设备采购规定写在《技改实施过程管理》中；企业写了《辅料采购管理》制度，却没有《原料采购管理》这个专门的制度。总之，职责分类及职责描述由各部门自行编写，大家各说各话，没有构成一个完整的体系，比较混乱。

问题四：职责缺失，对职责不清的问题无法进行系统、科学的分析。无法对某一类职责的健全性和落实情况进行整体分析。问题三的存在会导致问题四的发生，即对某一类职责无法进行管理和分析。比如，"采购管理规定是否明确了所有相关职责并落实到了企业内部特定的组织对象"这个问题，通常很少有统计分析结果能回答。即使有，整理、统计也很耗费人力和时间，而且无法确保其时效性和准确性。企业总共有哪些部门被赋予了采购的职责？关于采购管理究竟明确了哪些职责？这些明确的职责相对于采购来说是否健全？对于这些管理上的问题，凭借现有的职责书、制度文件和程序文件等都无法清晰、准确、高效地进行分析和优化。

问题五：无法分析和解决职责和权力的一致性问题。责权一致性问题是管理者和员工都在抱怨的问题，而管理者的能力和经验及发现问题后的补救是当前解决此问题的主要手段。

为了解决这些问题，该企业引入了图 3-43 所示的"职责体系"，并构建了相应的模型。一个"职责条款"与某一"职能流程"关联，即表明此职责通过该流程加以落实，而某一<岗位>与<流程步骤>相关联，表明此<岗位>有权且有责任执行这一<流程步骤>。但是，如果此<岗位>没有被赋予该<职责条款>，那么此岗位的责权一定是不清晰的，属于有权做此事，但无相应的职责。总之，引入<职责条款>这个对象，并且构建"职责体系"的管理闭环后，可以通过判断这个闭环是否完整、哪一环节断开了，来分析职责是否被正确且清晰地赋予某岗位，是否责权一致。这个闭环任一环节断开，就一定存在问题。

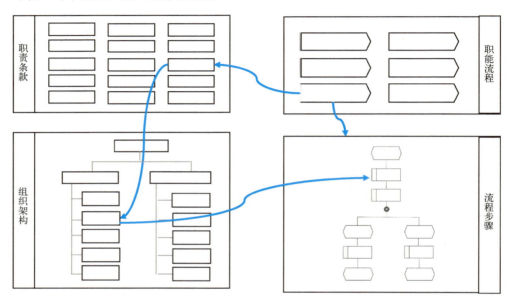

● 图 3-43　"职责体系"的小闭环

通过构建上述"职责体系"，该企业达成了以下管理效果。

1）构建了完整统一的职责体系架构，可以很便利地分析职责是否有缺失和冗余。比如，可以分析与采购管理相关的职能总共描述了多少"职责条款"，"职责条款"是否覆盖了采购管理所有职能、是否健全等。同时，也可以分析同一"职责条款"分配给了哪些组织对象，是否有职责不清、重复冗余的现象。

2）建立了统一和规范的"职责条款"分层分类架构，避免了大家各说各话和描述混乱的情况。

3）自动生成各级组织单位的职责书，而且保持上、下级单位职责的传承和一致性。可以基于 EBPM 平台自动出具基于"岗位"或"部门"的完整职责清单，这份职责清单包括了直接分配的职责，也包括了通过角色、制度分配过来的职责条款，使得执行者通过一份"职责书"就可以了解自己所有应承担的职责，而不是一份份文件去找、去汇总。而部门职责是由岗位职责自动汇总而来，很好地体现了部门和岗位职责的对应性和一致性，也为职责调整带来很大方便。

4）构建了职责、职能流程、流程步骤（活动）和组织（岗位）的管理闭环，通过这一管理闭环可以系统、科学、自动地分析是否存在职责不清、责权不对等管理问题。

应用案例——一放就乱，一管就死，管控体系能否柔性调控？

某集团型企业随着业务量增大，在各地都开设了分公司。但是，总部和分公司之间，以及分公司内部人员之间的权力分配成为越来越突出的管理难题。例如：某项行政物资的采购订单审批要经过地区公司、集团总部共九道审批，审批过程就要长达一个月，再加上前后的其他工作，最顺利的情况下完成一次采购也至少要两个月，而总部又不敢将审批权完全下放，因为担心下级单位的采购有不合规行为。类似的问题常常困扰着该公司的管理者。

针对上述问题，该公司引入了 EBPM 方法论中的<管控模式矩阵>和<授权体系>两大模型，如图 3-44 所示。首先，从集团公司管控角度构建<管控模式矩阵>，从授权事项（即"职能流程"）、授权条件、授权等级和权力类型四个维度进行了梳理。以生产设备采购为例，如图 3-44 所示，针对<国产设备采购流程>和<进口设备采购流程>设置了两个"授权条件"，分别是<采购总金额小于 500 万>和<采购总金额大于等于 500 万>，不同的"授权条件"下，对于不同的"权力类型"设定了不同的"授权等级"。该集团公司的"授权等级"分为五级，分别如下。

- Ⅰ：地区公司正副科长级。
- Ⅱ：地区公司正副部门经理级。
- Ⅲ：地区公司正副总经理级。
- Ⅳ：总公司主管部门正副经理级。
- Ⅴ：总公司正副总裁级别。

以上由<管控模式矩阵>和<授权体系>构成的体系，在 EBPM 方法论中称为<管控体系>。可以看出，不是所有的"权力类型"都需要设定"授权等级"，针对特定的"授权事项（职能流程）"，应对哪些权力进行设定，由实际的管控要求决定。

图 3-44 所示<管控体系>示意图的下半部分构建了一个<授权体系>，本质就是将<组织架构>中的"岗位"通过"授权条件"与"角色"和"流程步骤"相关联。

图 3-44 中上下两部分的模型是由不同层级的人员分别构建的。上半部分的<管控模式矩阵>是由总部的管理团队制定的；下半部分的<授权体系>模型是由各分公司的管理人员完成的。这很容易理解，对于不同的分公司来说，流程中每个步骤的执行岗位究竟是哪个，自然由各公司的管理者来设定。

EBPM 平台会自动将这两套模型进行比对分析。比如，<管控模式矩阵>要求国产设备 <采购总金额大于等于 500 万>的情况下，申请人的等级必须是<Ⅱ：地区公

司正副部门经理级>。如果上海分公司的管理者在构建授权体系时，针对<采购设备总金额大于等于 500 万>这一"授权条件"将<上海分公司设备部检修科科长>这个"岗位"错误地与<提交设备采购申请>这个"流程步骤"建立了关联，当此流程设计完成提交时，EBPM 平台会自动将<管控模式矩阵>和<授权体系>两套模型进行比对检查，并发出错误提示。这样，授权错误的流程无法发布，从而达到控制的目的。

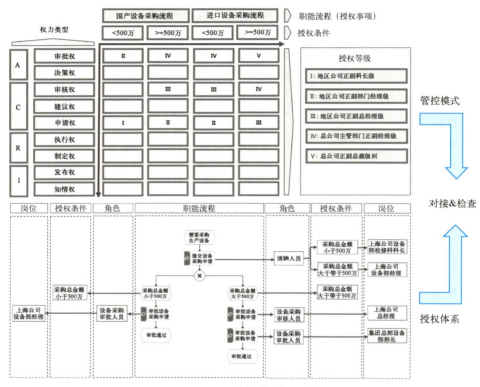

● 图 3-44 <管控体系>示意图

该公司基于<管控模式矩阵>和<授权体系>模型构建了一套对分权效果进行定性和定量评估的机制，并可以不断进行跟踪和分析，不断调整模型，以寻找最合适的分权模式。

值得一提的是，该公司最终还创造性地构建了一套柔性的管控体系。即对于同一个"业务事项"的<管控模式矩阵>，设定了多套"授权等级"。

当市场环境非常好，需要快速占领市场时，管理者愿意多承担一点风险，减少一点控制，使得整个企业的反应和运转更为快速。此时，可启用图 3-45 所示的<效率优先管控模式>，进行更多的放权，使授权等级下沉，让一线单位有更多的自主权。

● 图 3-45　效率优先管控模式

当市场环境不太好时，生存是第一位的，公司需要更好地管控成本，这时启用图 3-46 所示的<成本优先管控模式>，即更多地收权，将授权等级上提，加强管控。

权力类型		国产设备采购流程		进口设备采购流程	
		<500万	>=500万	<500万	>=500万
A	审批权	II	III	III	IV
A	决策权				
C	审核权		II	II	III
C	建议权				
C	申请权	I	I	I	II
R	执行权				
R	制定权				
I	发布权				
I	知情权				

● 图 3-46　成本优先管控模式

只要在 EBPM 架构中选用不同的管控模式，整个管理体系就会自动完成切换，并及时通知所有相关人员。也就是说，"一体化"的管理体系可以根据实际情况在不同模式下进行切换，这是很具创新性的一种管理思想和管理手段。此时管理者就像足球教练一样，需要进攻时就将队形切换成"352"，只留三个后卫；需要以防守为主时，就将队形切换成"532"，设五个后卫。

我们经常听到这样一句话，"一放就乱，一管就死"。该企业的心得是，没有一劳永逸的最佳管控模式，构建一套可以快速根据公司内外环境进行调整的柔性管控体系才是关键。而要构建这样的体系，靠管理文档是不可能的，需要构建数字化的模型，并基于信息化的平台来落实。

功能视图：落实企业运营能力的执行类要素

1. 业务事件（简称为"事件"）

"业务事件"是与企业业务相关的需求、活动、时间或指标引发的业务状态。如图 3-47 所示，"事件"主要用在流程模型中，比如"流程步骤（业务活动）""职能流程""作业流程""端到端流程"。"事件"与各类流程，尤其是流程中的"流程步骤（业务活动）"有着密不可分的关系。这就是为什么"事件"总是出现在各类流程中的原因。此处会重点介绍这一点。

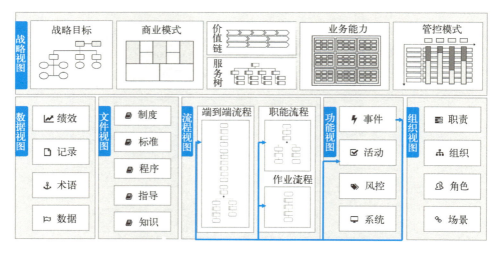

● 图 3-47　"事件"与其他要素的关联关系示意图

➤ "业务事件"按引发原因分类

1）需求引发的事件：即由于"业务需求"而引发的事件。提到需求，其背后一定对应到人，即需求是由人提出的。所以，由"业务需求"引发的事件是否真产

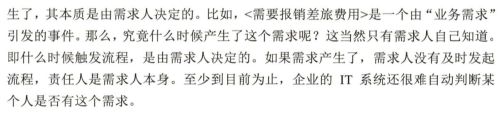

生了，其本质是由需求人决定的。比如，<需要报销差旅费用>是一个由"业务需求"引发的事件。那么，究竟什么时候产生了这个需求呢？这当然只有需求人自己知道。即什么时候触发流程，是由需求人决定的。如果需求产生了，需求人没有及时发起流程，责任人是需求人本身。至少到目前为止，企业的 IT 系统还很难自动判断某个人是否有这个需求。

这里还需要区分一般的活动和"业务活动"。比如，员工在外出差，打了一次车。<打车>显然是一个活动，如果公司负责报销费用，此时<打车>才属于一个"业务活动"，因为这引发了一个"业务事件"，即<需要报销差旅费用>。如果这次打车公司不给报销（比如这次打车是因私去看一个朋友），那么这个活动就不是"业务活动"，也就不会引发<需要报销差旅费用>这个"业务事件"了。那么，员工究竟有没有因公打车呢？企业只有当员工<提交报销申请单>这个活动被发起了才能知道<需要报销差旅费用>这个事件产生了。所以，本实例中<打车>这个活动有可能是"业务活动"，也有可能不是"业务活动"。究竟是不是，是由员工根据一定规则进行判断的，然后人为触发一个"业务活动"来说明此"业务事件"发生了。这种情况称为"需求引发的事件"。

2）**活动引发的事件**：即由"业务活动"引发的事件。此时，这个"活动"一定是"业务活动"，不存在二义性。而"业务活动"一定会引发"业务事件"，因为"业务事件"是"业务活动"完成的一种标志。也就是说，一个"业务活动"至少引发一个"业务事件"，当然也可能是多个。如图 3-48 所示，严格意义上来说，每一个"业务活动"都会至少引发一个"业务事件"，所以在流程图中应该画成一个"业务活动"和一个"业务事件"相互间隔的样式，这就是著名的 EPC 流程图。但是在实际操作中，为了简便起见，可以约定流程的起始事件、路径分叉事件和结束事件是必须画的，中间的事件就不再画了。不画不等于这些"业务活动"不触发"业务事件"，这只是一种画图的简化而已。

图 3-49 所示就是简化后的 EPC 流程图。其中，起始事件<需要报销差旅费用>是"需求引发的事件"；分叉路径事件<差旅费用报销申请通过><差旅费用报销申请未通过>是由<审批差旅费用报销申请单> 这个"业务活动"引发的事件。

3）**时间引发的事件**：如果到这个时间点就会触发至少一个"业务活动"，那么这个时间点就是一个"时间引发的事件"。比如，<每月 15 号>这个时间点是不是一个"时间引发的事件"，取决于到了<每月 15 号>是否会至少触发一个"业务活动"。如图 3-50 所示，如果到了<每月 15 号>，就触发一个<汇总差旅费用报销申请>的"业务活动"，这个事件就是一个"时间引发的事件"。有的企业将所有"时间引发的事件"按日历进行排序，制作了一张企业《日常工作节气表》发给员工，告诉大家到时间别忘了做这些事，这也是一个很新颖的创意。当然，这张《日常工作节气表》也是由 EBPM 平台基于"时间引发的事件"找到触发的"业务活动"后自动生成的。

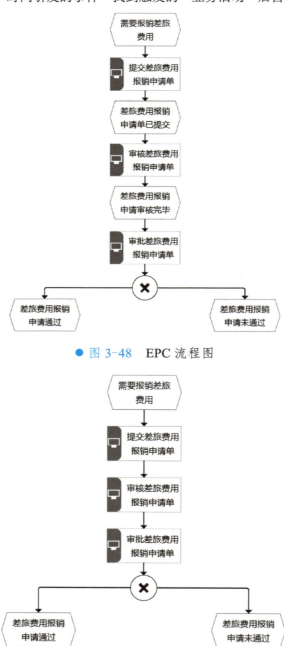

● 图 3-48　EPC 流程图

● 图 3-49　简化后的 EPC 流程图

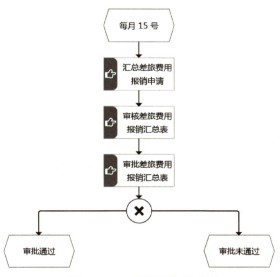

● 图 3-50　时间引发的事件

　　4）指标引发的事件：如果某个指标达到某一规定的值或范围时就会触发至少一个"业务活动"，那么这个指标就是一个"指标引发的事件"。比如，<电脑安全库存低于 5 台>这个指标会不会引发一个事件，取决于当<电脑安全库存低于 5 台>时是否会至少触发一个"业务活动"。如图 3-51 所示，如果指标值达到<电脑安全库存低于 5 台>时，就会触发一个<提交电脑补货申请>的"业务活动"，这个事件就是一个"指标引发的事件"。

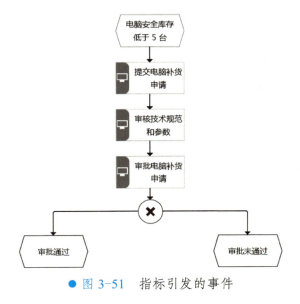

● 图 3-51　指标引发的事件

➤ "业务事件"的特性

特性一："业务事件"是一种状态。因此，"业务事件"的成本和时间均为零。

特性二：行为引发的"业务事件"是"业务活动"完成的标志。行为引发的"业务事件"用来描述活动执行后产生的结果，即这个"业务活动"完成了，就是指对应的"业务事件"发生了。"业务事件"不是发生在"业务活动"之后，而是与"业务活动"完成这个概念同时发生的。"业务事件"不能用来表示"业务活动"完成后的下一个"业务活动"。

特性三："业务活动"是由"业务事件"触发的。因此，"业务流程"也是由"业务事件"触发的，流程何时被触发是由事件决定的。

➤ "业务事件"的命名规则

规则一："业务事件"的一般命名规则是【对象 + 状态变更】，如<销售订单输入完毕>。

规则二：由检查、决策、判断类的活动所引发的事件，其命名规则是【检查、决策、审核的结果】。如图 3-52 所示，<审批>这个动词后，应有"通过"和"未通过"两个事件。即此时一个"业务活动"应分离出至少两个"业务事件"。

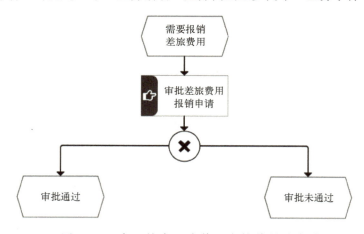

● 图 3-52　表示检查、决策、审核结果的事件

➤ "业务事件"与"业务活动"的关系

任何"业务活动"都会引发"业务事件"，因为"业务事件"本身就是"业务活动"完成的标志。任何"业务活动"都是由"业务事件"触发的。

但是，不是所有的"业务事件"都是"业务活动"引发的。因为，"业务事件"分为需求引发的事件、活动引发的事件、时间引发的事件和指标引发的事件四种类型。"业务活动"引发的"业务事件"，只能是"活动引发的事件"。

"时间引发的事件"就不是由"业务活动"引发的。比如，每月的最后一个周末进行仓库盘点，<每月的最后一个周末>是时间事件，触发的是一个<仓库盘点流程>；而<每月的最后一个周末>这个事件本身，并不是由任何"业务活动"引发的，到这个时间点，就触发此流程。

"业务活动"不一定会引发指标类的事件。比如，<仓库内某材料的安全库存小于等于 3 件>时触发<材料补货流程>。而任何"业务活动"不一定会引发<仓库内某材料的安全库存小于等于 3 件>这个事件的发生，只是可能引发。安全库存减少，当然是发货、领料之类的"业务活动"引发的。但这种引发关系不是必然的。员工领料或者仓库发货这个"业务活动"不是一定会引发<仓库内某材料的安全库存小于等于 3 件>这个事件，所以也不是一定会触发<材料补货流程>。

总之，没有无缘无故的"业务活动"，也没有无缘无故的"业务事件"。触发"业务活动"的一定是"业务事件"；引发"业务事件"的可能是"业务活动"，也可能是"时间"、"指标"或"需求"。

"事件"触发"活动"，"活动"引发"事件"，从而构成一条"事件-活动链"，这就是"业务流程"。

➤ "业务事件"按触发"业务活动"的特性不同分类

根据触发的"业务活动"类型的不同，"业务事件"可以分为以下几类。

类别一：起始事件，起到触发流程的作用，是所谓的流程触发事件。

类别二：分叉事件，即触发流程的不同分叉路径。

类别三：结束事件，触发后续职能流程，或者标志流程到此结束。

类别四：并行事件，并行触发其他流程，即当前流程继续往下走，同时又触发了另一条流程。

类别五：跳转事件，即当前流程暂停或终止，同时触发另一条流程。比如，质检流程运行到某一环节，发现需要送外部检验，本流程暂停，触发外检流程，待拿到外部检验报告后，本流程断续往下走。

➤ "业务事件"按自身特性分类

"业务事件"按其自身的性质可以分为以下几类。

类别一：正常事件，即起始事件、结束事件和分叉事件。

类别二：异常事件，即"业务活动"完成后发生异常情况。异常事件可能是并行事件，也可能是跳转事件，也可能直接成为结束事件。

类别三：衍生事件，即"业务活动"完成后发生的其他情况，需要触发其他流程，但不影响本流程的进行。衍生事件一般都是并行事件。

类别四：风险事件。即"风险损失事件"，指在企业的日常生产经营及管理过程中，因内部或外部因素导致在财务、声誉、法律、安全、环境和营运中的一个或多个方面产生损失的事件，是风险在日常生产经营过程中发生的具体表现。风险事件可能是并行事件或跳转事件，也可能直接成为结束事件。

2. 业务活动（简称为"活动"）

"业务活动"是企业运营过程中留下"管理痕迹"的业务动作。不是企业的所有"业务活动"都会留下"管理痕迹"，但只有留下"管理痕迹"的活动才有可能被"管起来"，这也是符合 EBPM 方法论三大基本原则中"痕迹原则"的。总之，企业运营过程中没有留下"管理痕迹"的活动，不纳入本方法论的研究范畴。当然，这并不是说这些活动不存在。关于这一点，在本书第 2 章三大基本原则之一的"痕迹原则"中有具体的说明。在 EBPM 架构中，"业务活动"就是构成"业务流程"的"流程步骤"，即"流程步骤"必须是留下"管理痕迹"的业务动作。"活动"与其他要素的关联关系示意图如图 3-53 所示。

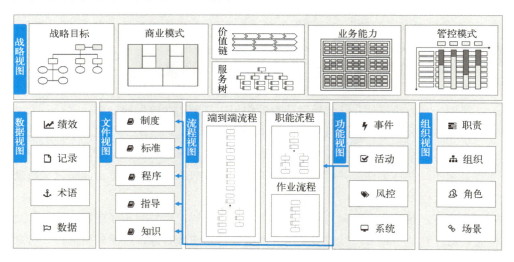

● 图 3-53　"活动"与其他要素的关联关系示意图

➢ "业务活动"的命名规则

"业务活动"的名称必须由两部分构成，即【业务动词】和【业务对象】。也可以说，"业务活动"是由【业务动词】和【业务对象】构成的，缺一不可。所以在命名"业务活动"时必须包括这两部分的内容。比如：<生产计划>是一个【业务对象】，如果"业务活动"的名称是<生产计划>，这是不正确的，不符合"业务活动"的命名规则，因为只有【业务对象】而没有【业务动词】。如果将一个"业务活动"命名为<制定生产计划>这就符合"业务活动"的命名规则了，其中<制定>是【业务动词】，

<生产计划>是【业务对象】。需特别指出的是，【业务动词】和【业务对象】是"业务活动"名称中必须包括的两部分内容，但并不是说只能有这两部分的内容。很多情况下，还会添加一些用于限定或修饰的词汇，这是可以的。

> "业务活动"的分类

"业务活动"的名称既然一定会有两部分的内容，其分类就可以从这两个维度展开。其中，基于【业务动词】进行分类的方法为较多企业所采纳，因为后续可进行很多极具价值的分析。事实上【业务动词】与授权体系是紧密相关的，【业务动词】代表了某一种权力，相应地也是某一种责任。所以，指定某人完成某个"业务活动"就相当于给此人赋予了某项权力和责任。一般将构成"业务活动"的【业务动词】按 RACI 分成四大类。传统的 RACI 是指对角色的分类，而在 EBPM 方法论中，RACI 用来对"业务活动"进行分类，确切地说是对"业务活动"中的【业务动词】进行分类。而所有的"业务活动"都将与完成此"业务活动"的"角色"关联。事实上，EBPM 方法论认为，"角色"之所以可以分为 RACI 四大类，是因为"角色"完成了具有 RACI 四类权力的"业务活动"，真正决定 RACI 权力的是"业务活动"而不是"角色"。同一个"角色"，分配给 A 类"业务活动"时就是 A 类"角色"，分配给 R 类"业务活动"时就是 R 类"角色"。由于 EBPM 方法论将对"角色"的 RACI 分类改用到对【业务动词】进行分类，因此下面的解释与传统的 RACI 分类有所不同。

● 执行类（R = Responsible）即代表执行权的动词，这些动词意味着负责执行或完成某个"业务活动"，即对【业务对象】有执行权。当然权力同时也代表了某种责任，负责执行这个"业务活动"的人既被赋予了权力，也被赋予了责任，其有权力也有责任完成这个"业务活动"。比如，负责<拟订生产计划>的人对<生产计划>这个【业务对象】有<拟订>的权力和责任。

● 决策类（A = Accountable）即代表决策权的动词，这些动词意味着对【业务对象】有决策权。比如，<审批报销单>即表示执行人对<报销单>有决策权，可以决定是否能报销相关费用，而"管理痕迹"<报销单>则承载了业务对象，体现了管理内容。在传统的 RACI 角色分类中有一个经常被提到的原则，即一条流程中 A 类角色应该只有一个，而 EBPM 方法论认为这条原则实质上应该理解为一条流程中 A 类即决策类的"业务活动"应该只有一个。这其实是很容易理解的，既然 A 类是决策类，代表决策权，如果一条流程中有多个 A 类活动，那究竟采用哪个 A 类活动的决策呢？当然，这里其实暗含了一个规则，即一条流程只针对一个【业务对象】，否则有多个 A 类活动也就有可能是合理的了，因为这些活动可能是针对不同【业务对象】的决策。那么，一条流程中究竟是否只能有一个【业务对象】呢？是，也不是！这涉及流程的颗粒度切分和流程的架构问题。EBPM 方法论认为，正确的流程架构应该是二维的，即分为"端到端流程"和"职能流程"这两个维度。对于"职能流程"来说，一条"职能流程"只能有一个【业务对象】；而对于"端到端流程"来说，由于"端到端流程"是由"职能流程"组装而成的，所以一条"端到端流程"中可以有多个【业务对象】。因此，EBPM 方法论认为，一条"职能流程"中应该只能有一个 A 类活动；而一条"端到端流程"中可以有多个 A 类活动。

- 咨询类（C = Consulted）即代表建议和协助权的动词，这些动词意味着对【业务对象】有提出建议、提供支持或辅助完成的权力和责任。比如，<审核报销单>中的<审核>就是典型的 C 类动词。"审核"通常指从某一方面进行核定，但不代表着最终的决策。在<费用报销申请流程>中，可能有多个审核环节，团队主管审核这些费用是否有必要发生；财务部门审核这笔报销的票据和明细填写是否合规；而部门经理是"审批"，即在团队主管和财务部门协助完成各方面的"审核"之后，最终决策是否同意报销。

- 知情类（I = Informed）即代表知情权的动词，这些动词意味着对【业务对象】有知情的权力，应被告知【业务对象】相关的信息。比如，<告知>就是典型的知情类动词。需要特别指出的是，知情类动词与执行类、决策类和咨询类的动词有一个根本的不同点，即知情类动词所代表的知情权不是指完成该<业务活动>的人的权力，而是指该<业务活动>完成后的效果。比如，<告知验货完成>这个"业务活动"完成后，是被告知者有知情权，而不是执行即完成告知活动的人有知情权。严格意义上来说，也可以将这部分【业务动词】归到执行类，即对执行者来说是执行并告知这项"业务活动"，对执行者来说不存在是否知情的问题，不完成此"业务活动"其同样知情。而之所以将这类动词归入知情类，或者说之所以单独将这些动词另设一类叫知情类，是因为这类动词所代表的"业务活动"往往是对各类信息的加工处理和传递，即这类动词作用的【业务对象】一般来说是各类信息，而不是人、物或资金。所以，这样分类便于识别信息流或与信息流相关的环节。另外，信息处理类的活动，最有可能通过信息化手段取而代之。现在之所以这类活动还存在着人工作业环节，有的可能是因为过于复杂，很难通过信息化系统来实现；也有的可能是因为实现信息化处理的成本太高。如果将这些环节通过信息化系统来实现，投入的成本远大于保持这些人工活动所需的时间和成本，那不如还是由人工进行处理。但不管怎样，对于这类活动还是需要特别加以关注的。所以，EBPM 方法论将这类动词特别归到 I 类，即知情类。以"统计"这个动词为例，这是较为常用的 I 类动词。<统计每日总产量>的结果是让相关人员知道某些情况，仅此而已，所以是属于知情类的。"统计"这个动作本身，是对相关信息的收集，并不会直接对人、物或资金产生什么作用。

3. 业务风险与内部控制（简称为"风控"）

"业务风险"指未来的不确定性对企业实现其战略和经营目标的影响。与"业务风险"对应的还有一个概念即"内部控制"。所谓"内部控制"是指风险应对的重要手段。而所谓的"控制点"指对该风险能起到预防性或发现性控制的对应业务环节，一般分为手工控制、IT 控制和手工 IT 结合控制三种手段。"风控"与其他要素的关联关系示意图如图 3-54 所示。

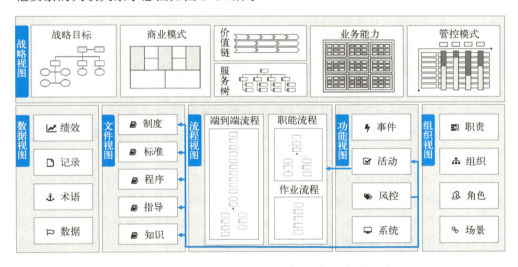

● 图 3-54 "风控"与其他要素的关联关系示意图

从控制环节的重要性来看，内部控制分为关键控制、中等控制和一般控制。《企业内部控制基本规范》规定，内部控制是指企业董事会（或者由企业章程规定的经理、厂长办公会等类似的决策、治理机构）、管理层和全体员工共同实施的、旨在合理保证实现以下基本目标的一系列控制活动：一是企业战略；二是经营的效率和效果；三是财务报告及管理信息的真实、可靠和完整；四是资产的安全完整；五是遵循国家法律法规的有关监管要求。业务风险管理应与内部控制体系的建设结合在一起才能发挥最大的效力。

在 EBPM 方法论中"风控"是作为一项重要的"管理要素"存在的，同时又与"业务流程"，特别是"流程步骤（业务活动）"实现要素级别的关联，可以大大提高风控体系建设与日常业务运营体系的整合性和持续的适用性。

风险的收集是进行风险管理的基础，风险是客观存在的，不是没有发生就不存在的，而实现全面的风险收集也正是为了将所有潜在的风险挖掘出来，并进行有效控制。所以，如何全面地收集风险就成了风险管理的重点。EBPM 方法论中风险识别的立足点是"职能流程"，更确切地说，是"流程步骤"。从流程着手去收集和识别风险既可以保证风险收集的全面性，同时也可以保证风险与业务紧密联系，而一些对企业有着较大影响的外部风险虽然无法从流程上进行解决，但仍可通过对流程的延伸和对治理体系的搭建来进行识别。

在风险的全面收集基础上，把风险分门别类地进行汇总，而这个汇总的工作就是搭建企业风险架构的过程。企业的风险架构将企业的风险依据一定的归类原则进行划分，但是企业的风险架构不是一成不变的，随着企业管理方向和企业战略的调整，企业的风险架构是会随之变化的。

在风险架构搭建完成后，需要针对不同的风险构建控制措施。这些控制既可以是一定量的承担，也可以是适度的转移，同样也可以进行完全的规避。如果控制措施不能落实到流程执行过程中，就无法成为一个岗位的工作职责，也无法落实为系统的自动控制，那么这个控制措施就只是"纸上谈兵"。因此，在流程模型中针对风险点进行控制措施设计，既防范了风险的发生，也优化了流程自身。

<风险控制矩阵>是将业务中的风险与控制措施进行汇总，以发现控制缺陷的一种工具。风控矩阵被大量用在企业的内部控制体系中。传统风控矩阵在流程梳理、风险识别和控制设计后，由人工汇总编制。EBPM 方法论中所描述的工具软件可以基于管理模型进行生成并动态导出《风险控制矩阵》。另外，风险控制的相关信息也可以直接体现到《流程手册》《岗位手册》等其他管理文件中，为风控建设成果的落地提供重要保障。

4. 应用系统（简称为"系统"）

"应用系统"是指支撑企业管理体系运营的功能性的信息化应用软件。这些系统可能运行在企业内部，也可能运行在企业外部，如"云端"。"系统"与其他要素的关联关系示意图如图 3-55 所示。

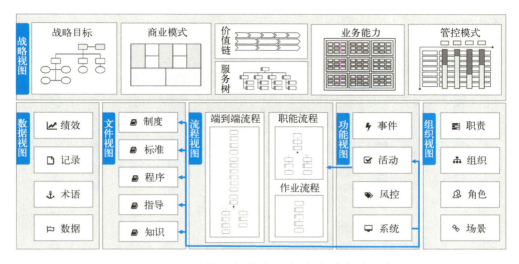

● 图 3-55 "系统"与其他要素的关联关系示意图

➢ "应用系统"要素与企业架构的关系

一般来说，企业的应用系统可能会有多套，比如 OA、ERP、CRM、HR 和 MES 等。这些系统可能是采购安装的套装商业软件，也可能是企业自行开发，或者在套装软件的基础上增强开发的。事实上，EBPM 架构所构建的企业管理体系模型，可以认为就是企业架构（Enterprise Architecture，EA）中的<业务架构>，只不过 EBPM 架构模型比企业架构中的<业务架构>要更为丰富和完整，如图 3-56 所示。而 EBPM 架构中的"应用系统"这个要素，则可以对应到企业架构中的"应用架构"，即"应用系统"作为一个"管理要素"也需要构建一个"管理要素"自身的分层分类架构体系，这个分层分类的架构体系，就是企业架构中的"应用架构"。所以，"应用系统"这个"管理要素"的构建方法，与企业架构中"应用架构"的构建方法是一样的。可以认为 EBPM 方法论给出了如何构建企业架构中"业务架构"更为完整和详尽的方法。而其中的"应用系统"要素往下展开，就是构建了企业架构中的"应用架构"；而"绩效指标"和"管理记录"这两个要素往下展开，可以构建企业架构中的"数据架构"。

那么，什么是企业架构呢？不同的组织和团体对于企业架构给出了不同的定义。

The Open Group 认为：企业架构是理解构成企业的所有不同企业元素，以及这些元素怎样相互关联的一种结构。

EBPM 企业管理体系架构的定义是：它是一套"结构化"的模型，描述了构成企业管理体系的所有管理要素，以及这些要素如何相互关联构成"一体化"

的管理体系。

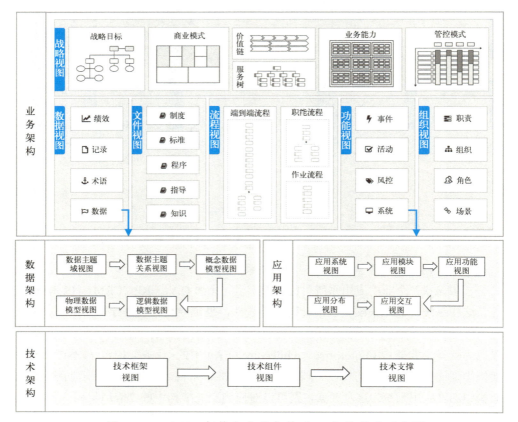

● 图 3-56　EBPM 架构与企业架构（EA）的关系示意图

可以发现，这两个定义是非常接近的，所以这两套架构的整合度是非常高的，甚至可以说是完全融合的。两者的区别是，EBPM 架构注重业务部分，是对企业"业务架构"进行更为全面和详尽的描述和分析的方法。而 The Open Group 的企业架构更注重基于业务向下开发信息系统的体系架构，或者说更注重 IT 部分。

The Open Group 是国际著名标准化组织，拥有超过 20 年的标准制定与推广历史，致力于促进对企业内或企业间集成信息的访问，消除信息孤岛，提升全球市场业务效率。The Open Group 最著名的贡献之一就是 **TOGAF 企业架构**。

开放组体系结构框架（TOGAF）是一个行业标准的体系架构框架，它能被任何希望开发一个信息系统体系架构供组织内部使用的组织自由使用。TOGAF 主要包括以下四大架构。

● **业务架构**：基于战略决定企业各组成部分如何运转的工具，建立企业战略与日常运营之间的关联关系。从企业级视角以一种结构化、层次化的方式描述业务流程的归属。

- **应用架构**：描述支撑业务的系统应用有哪些，它们之间的交互关系，以及面向将来支撑业务能力的实现和业务交互的实现而提供的一个模板应用蓝图。
- **数据架构**：描述数据产生的来源、归属及共享关系。
- **技术架构**：是一个基础服务分类、归纳定义和部署描述的体系。

TOGAF 企业架构可以更好地帮助企业进行 IT 规划。TOGAF 强调从企业战略出发，首先规划业务架构层（这里可以采用更为全面和详尽的 EBPM 架构），然后延伸到应用架构和数据架构，最后结束于企业的基础设施架构，即技术架构。其中包含战略、流程、系统模块、系统功能、系统数据、数据接口、系统实例、应用机房和网络等各种管理体系要素和 IT 系统要素，好比是对企业 IT 建设先进行量体再进行裁衣。关于 TOGAF 的更多信息，请读者参考其他专门的文献，本书就不再过多介绍了。

➤ "应用系统"要素架构的构建方法

"应用系统"作为 EBPM 架构中的"管理要素"，其自身架构的构建思路是与"业务能力"和"职能流程"这两个"管理要素"紧密对接，如图 3-57 中所示。

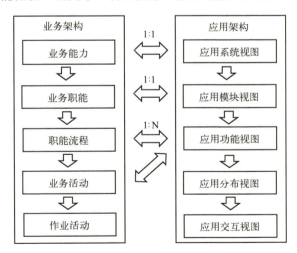

- 图 3-57 "应用系统"要素架构构建方法示意图

- **应用系统视图**：展现应用域及应用，以及它们之间的关系，并定义应用对业务能力的支撑关系。构建思路是针对"末级能力"逐一构建对应的"应用系统域"，即一对一，有一个"末级能力"就构建一个"应用系统域"。

- 应用模块视图：展现应用下的应用模块。构建思路是针对"末级职能流程分类"逐一构建对应的"应用模块"，即一对一，有一个"末级职能流程分类"就构建一个"应用模块"。
- 应用功能视图：展现应用模块下的应用功能。构建思路是针对"应用模块"去梳理或者设计应有哪些"应用功能"。这些"应用功能"可以支撑业务流程的运转。所以，需要将这些"应用功能"与所支撑的"职能流程"进行对应，对应的细度是到"流程步骤（业务活动）"。
- 应用分布视图：展现跨应用的应用模块之间的交互关系。此视图是"应用系统"自身的视图，不需要与"业务架构"对应。
- 应用交互视图：展现所有应用模块在系统中的分布。此视图也是"应用系统"自身的视图，不需要与"业务架构"对应。

应用案例——整理一下"活动"中的动词，为什么理出那么多事来？

上一小节中提到了"业务活动"这个要素以及基于【业务动词】对"业务活动"进行分类的方法。本小节介绍某企业应用这套方法进行企业建模和管理优化的一个案例。

这是在某快速消费品企业中开展的一个全面流程梳理项目。该企业引入 EBPM 方法论时，基于【业务动词】构建了"动词树"。在绘制具体的流程图时，该企业基于 EBPM 方法论规定所有"流程步骤"都必须严格按照"业务活动"的命名规则进行命名，即所有"流程步骤"的名称必须包含【业务动词】和【业务对象】。基于上述方法和规则，该企业构建了自身的管理体系模型。然后，进行了如下的分析。

首先，采用 EBPM 平台提供的"流程步骤"基于"动词树"自动进行归类的技术，将模型中所有流程的"业务活动"即"流程步骤"基于"动词树"中的每一个动词进行归类。比如，将所有含有"统计"这个动词的"流程步骤"全部自动抽取并归类到"统计"这个类别中去；将所有含有"拟定"这个动词的"流程步骤"全部自动抽取并归类到"拟定"这个类别中去。总之，基于"动词树"自动进行了完整的梳理和分类。

然后，选取一些特定的动词展开分析。比如，该企业的管理者发现，含有"统计"和"汇总"这两个动词的"流程步骤"在 1256 个已构建的"流程步骤"（即"业务活动"）中有 212 个，占比约为 17%，而且这些活动居然有 128 个（约 60%）都是人工操作。要知道，该企业已经全面实施了 ERP 系统，部署了数据仓库、智能报表等信息化软件，在此前提之下，居然人工进行信息统计和汇总的工作还有那么多。这个结果让该企业的管理者很是惊讶。这个数据，他从来不知道，该企业也从来没

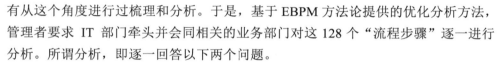

有从这个角度进行过梳理和分析。于是，基于 EBPM 方法论提供的优化分析方法，管理者要求 IT 部门牵头并会同相关的业务部门对这 128 个 "流程步骤" 逐一进行分析。所谓分析，即逐一回答以下两个问题。

1）是否一定需要这些统计或汇总信息？

2）为什么这些数据处理工作不能通过已经部署的各种信息化系统自动完成？

那么，梳理出来的结果是什么呢？答案很丰富，也很有借鉴意义。最终分析下来的原因有以下几点。

原因一：某些人工 "统计" 和 "汇总" 环节之所以存在，是因为有些部门和员工对于信息化系统中数据的准确性和及时性不太放心。而某些数据又是与部门和员工的考核绩效直接挂钩的，会直接影响其切身利益。所以，这些部门和员工为了在数据可能有出入时有一个比对的依据，就在系统上线运行后保留了一部分人工数据记录和汇总工作。而这次由于是基于 "管理记录" 全面梳理 "业务活动"，而且又明确会基于梳理出来的 "业务活动" 重新评估每个岗位的工作量，因此很多员工就把这些汇总工作也显性化出来了，不然他们担心每天辛辛苦苦做这些数据汇总工作，还不纳入他们的工作量统计，甚至还认为他们很空闲，真是有点太冤了。在 128 个 "统计" 和 "汇总" 类 "业务活动" 中，这种情况有 39 个。

原因二：某些人工 "统计" 和 "汇总" 环节之所以存在，是因为有部分数据源还没有纳入信息化系统，所以这些环节的工作是从信息化系统中导出一份汇总信息表，再基于这张表，由人工加入某些系统外的信息，最终出具二次汇总后的总表。在 128 "统计" 和 "汇总" 类 "业务活动" 中，这种情况有 26 个。

原因三：某些人工 "统计" 和 "汇总" 环节之所以存在，是因为部署的各类信息化系统还没有实现全面的集成。所以，某些人工 "统计" 和 "汇总" 环节的工作是从 A 系统导出一张表，再从 B 系统导出另一张表，最后由人工完成 A 表和 B 表的合并工作。在 128 个 "统计" 和 "汇总" 类 "业务活动" 中，这种情况有 22 个。

原因四：某些领导对 "统计" 和 "汇总" 出具的报表格式要求非常高，而且格式要求还经常有变化。目前的信息化系统还达不到这么灵活的程度，所以由人工从信息化系统中导出数据，再进行格式上的美化处理，比如由人工做两个版本的格式，一种是适用于手机端浏览的，另一种是适用于大屏幕的。128 个 "统计" 和 "汇总" 类 "业务活动" 中，这种情况有 11 个。

原因五：过去人工操作时，就一直进行这些统计和汇总工作，部署信息化系统后，没有人告诉相关人员不需要再做这些工作了。这些员工很尽职，在没有被告之可以不做的情况下，仍按原来的工作要求继续完成这些工作。在 128 个 "统计" 和

"汇总"类"业务活动"中，这种情况有 11 个。

　　原因六：因为使用了信息化系统，所以大家都认为出具数据很容易，所以很多管理者都要求下属提供一大堆各种各样的信息。这种情况更发人深思。由于系统并没有那么灵活，所以有一类"统计"和"汇总"环节是这样描述其"流程步骤"的：<统计领导关心的数据>，或<汇总领导关心的信息>，完成时限是"随时"。这些数据在原来人工作业时，并不要求提供，一是可能收集不到，二是可能太麻烦。但用了系统以后，需求喷涌而来，也不知道这是信息化的价值所在，还是问题所在。但是，这些突如其来的需求，往往不可能由系统完全实现，一般都需要人工进行某些处理，从而导致了一部分人工"统计"和"汇总"环节的存在。在 128"统计"和"汇总"类"业务活动"中，这种情况有 19 个。

　　基于上述六个原因得出的结论是：人工"统计"和"汇总"环节在信息化系统实施前后相比，据员工反映，可能不是减少了，而是大大增加了。当然，由于原来没有完整梳理过，这点只是员工的感觉而已。

　　而联合调查小组给出的建议如下。

　　针对第一点，即由于员工不放心所以要重复人工统计和汇总。应该加强宣贯并提高系统数据的精确性和可追溯性，直接取消这 39 个环节。针对第五点，即没有及时告知员工其工作职责发生了变化，应直接取消这 11 个环节。

　　针对第二、三、四、六点，联合小组建议公司成立一个共享数据处理中心，有什么需求都统一往中心提，由中心的人员专门帮助大家进行数据处理，这样可以提高效率。当然，这需要另拨预算，建立新的部门。不知针对此项建议，各位读者有何感想？

数据视图：支撑企业运营的信息类要素

1. 绩效指标（简称为"绩效"）

　　"绩效指标"是企业衡量"业务活动"结果的量化目标。可以是针对一个"业务活动"的量化目标，也可以是针对一组或企业所有"业务活动"的量化目标。"绩效指标"由指标名称、指标描述、计量单位和计算公式（如果是计算而来，而非直接取得）等构成。

　　如图 3-58 所示，"绩效"与<战略管理体系>的对接路径有两条。一条对接<业务能力>构建<绩效指标池>，即"绩效"的基本分层分类架构；另一条对接<战略目标>和<关键成功因素>这一逻辑路径，将分解出来的<关键绩效指标>纳入<绩效指标池>，即归属于<绩效指标池>的某一分类中。

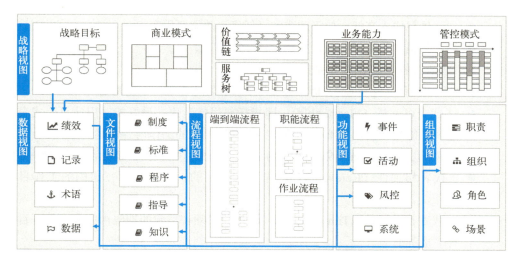

● 图 3-58 "绩效"与其他要素的关联关系示意图

或者，也可以这样理解两条路径的关系：从"业务能力"可以梳理和分解出企业完整的<绩效指标池>，即企业所有的"绩效"都在这个池子中。至于池子中的这些"绩效"哪些属于"战略目标"，则由<战略目标>和<关键成功因素>这一逻辑路径决定。总之，这两条路径决定了企业应该有哪些"绩效"，同时又决定了其中哪些是"关键绩效指标"。

"绩效"在运营体系层面，可以被"业务活动（流程步骤）"、"事件"、"风控"和"组织"四类要素引用。当然，每一种引用关系都代表一种不同的管理逻辑。本小节会详细描述这四类关系及其在管理上的意义。

"绩效"在运营体系层面，还可以被各类管理体系文件模型引用，作为描述管理要求的一个重要的管理要素。

➤ "绩效"按用途分类

"绩效指标"根据其用途可以分为绩效考核指标和监控分析指标两大类。绩效考核指标用来对组织或个人进行考核。监控分析指标用来反映企业的运营状况、跟踪"业务活动"对企业可能造成的风险，以便进行预警。

➤ "绩效"按特性分类

"绩效指标"按其自身的特性，可以分为"多、快、好、省、稳"五个类别。

● 多：体现数量多少，如月产量。

● 快：体现周期长短，如交货周期。

● 好：体现质量高低，如消防设备完好率、食堂卫生工作抽查合格率和工程价款结算准确率等。

- 省：体现成本高低，如采购成本降低率、差旅费用等。
- 稳：体现风险高低，如月安全检查合格率等。

➤ "绩效"的 SMART 识别原则

- S 代表具体（Specific），即指标要尽量做到具体明确，不能笼统模糊。
- M 代表可度量（Measurable），即指标要尽量量化，最好能够用计算公式表达，不能量化的就要细化，用文字将指标要求的工作内容表述清楚。
- A 代表可实现（Attainable），即指标通过努力最终可以达成，避免设立无效目标。
- R 代表相关性（Relevant），即指标是明确的，保证与所在组织的工作目标相关。
- T 代表有时限性（Time-Bound），即指标必须在特定的期限内完成，保证目标完成的时效。

➤ "绩效指标池"架构

企业"绩效指标"的基本分类架构称为<绩效指标池>。这套架构是承接战略管理体系中的<业务能力>而来的，所以可以理解为是按"能力"或"职能"进行分类的。<绩效指标池>内的<绩效指标>都是独立存在的。<绩效指标池>不体现池内各指标之间的关系，只是对企业用到的所有"绩效指标"进行完整的罗列。EBPM 方法论对于<绩效指标池>的构建提出了如下规则。

规则一：任何一个"绩效指标"都应归入<绩效指标池>，并属于其中的一个分类目录，而且只能属于一个分类目录。

规则二：<绩效指标池>中的指标不一定纳入其他维度的<绩效指标体系>，但其他维度<绩效指标体系>中的指标，一定来自于<绩效指标池>。

规则三：<绩效指标池>中的指标，不仅是指那些用来进行监控和考核的指标，构成这些指标的因子及它们的组合，也都要纳入<绩效指标池>。

规则四：<绩效指标池>中的指标，可能是一个可以直接取到的与<业务活动>相关的数值，也可能是由多个可直接取到的与<业务活动>相关的数值通过一套算法而计算出来的量化值。

规则五：有值。"绩效指标池"内的每一个指标都必须能够在管理实践中得到"值"，设计了一个指标，但是取不到"数"，算不出"值"，那么这个指标是没有任何意义的，不应放入指标池中。

规则六：有用。除了底层指标外，"绩效指标池"内的每一个指标至少应有以下三种用途中的一种用途。一是直接用作监控或分析的数据；二是直接作为绩效考核指标；三是用来计算其他绩效指标。没有任何用途的绩效指标，即使能取到数，算出值，也没有存在的意义，也不应纳入<绩效指标池>。而所谓"用途"则一定是针对人而言的，如果有用一定要说明对企业内"谁"有用。

➤ 三维绩效体系（"绩效"与"活动"、"组织"和"风险"）

从某个特定的管理视角出发构建的"绩效指标"分层分类且相互组合关联的架构体系，称为<绩效指标体系>。EBPM 方法论认为，企业的<绩效指标体系>不应该只有一套，也不应试图只用一套<绩效指标体系>来满足所有管理需求和解决所有管理问题。企业应针对不同角度的管理需求，分别设计和构建<绩效指标体系>，从而实现企业绩效管理全方位的功能需求。

<绩效指标体系>中的"绩效指标"都必须来自于<绩效指标池>。而"绩效"在运营体系层面，可以分配给"业务活动（流程步骤）""组织"和"风险"三类要素。这三种分配关系分别构建了<运营绩效体系>、<组织绩效体系>和<风险绩效体系>，我们称之为<三维绩效体系>。

- **运营绩效体系（"绩效"与"活动"匹配）**：基于企业战略目标建立的监控企业运营状态的绩效指标体系。运营绩效体系主要用来对企业运营状态进行定期检查，及时发现问题并予以关注和解决，从而保证企业的正常运转，并使企业可以按照战略目标保持可持续的运营和发展。在 EBPM 方法论中，通过"绩效"与"活动"构建关联关系来体现某一"绩效"被用来衡量某一"活动"或"流程"的运营状况。

- **组织绩效体系（"绩效"与"组织"匹配）**：根据企业战略目标和短期经营目标，选择并确定在某个经营时间段对各级组织单元（比如公司、部门、科室、岗位、人员）的工作成果进行衡量的指标。在 EBPM 方法论中，通过"绩效"与"组织"对象构建关联关系来体现某一"绩效"被用来衡量某一"组织"对象的工作成果。

- **风险绩效体系（"绩效"与"风险"匹配）**：从风险源、风险原因和风险后果出发，识别能够有效监控那些已知并且正在跟踪的风险，以便发现那些可能对既定目标带来不利影响的潜在风险事件的指标，即风险预警指标。在 EBPM 方法论中，通过"绩效"与"风险"对象构建关联关系来体现某一"绩效"被用来监控某一"风险"对象。

"绩效"分配给"业务活动""组织"和"风险"三类要素，表示要对这三类要素进行衡量，衡量的目的是监控、预警、分析和考核。如果是作为考核，那么此"绩效指标"又属于"绩效考核指标"。

➤ 绩效指标架构

如图 3-59 所示，一个企业有两个车间，每个车间有两条生产线。其中，<企业月度生产效率>是一个总的绩效指标，而这个总的绩效指标由两个车间的月生产效率加权平均得到；同样，每个车间的月生产效率是由每条生产线月生产效率加权平均得到。如此，<绩效指标池>中就应存在<企业月度生产效率>、<车间一月生产效率>和<车间二月生产效率>，<产线一月生产效率>、<产线二月生产效率>、<产线三月生产效率>和<产线四月生产效率>，以及每条产线的<月生产入库量>和<开工工时数>共 15 个指标。这 15 个指标都属于生产管理类指标，这 15 个指标在<绩效指标池>内是独立存在的，没有从属和层级关系。

➢ 两个"指标绩效"间的关联关系类别

两个"绩效指标"间的关联关系分为以下两种类别。

● 因子关系：B 指标直接作为 A 指标计算公式中的一个计算因子，参与 A 指标的计算，此时 A 与 B 之间是因子关系。

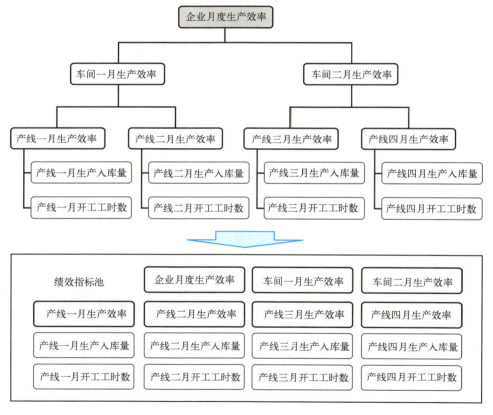

● 图 3-59　绩效指标池

● 关联关系：B 指标会对 A 指标产生影响，但不是直接作为 A 的计算因子，此时 A 与 B 之间是关联关系。

➤ 两个"绩效指标"间的相关性关系

两个绩效指标间的相关性关系分为以下三种。

- 正相关：B 指标变大，A 指标也一定变大，此时认为 A 与 B 之间正相关。
- 负相关：B 指标变大，A 指标一定变小，此时认为 A 与 B 之间负相关。
- 不确定：B 指标变大，A 指标可能变大也可能变小，此时认为 A 与 B 之间的相关性不确定。

图 3-60 所示为因子关系和关联关系示例。

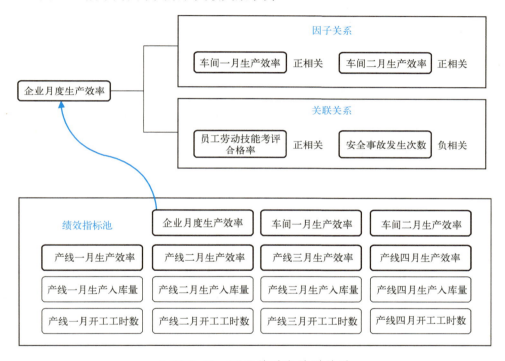

● 图 3-60　因子关系和关联关系

具有因子关系的两个绩效指标，其相关性由计算公式决定；具有关联关系的两个绩效指标，其相关性由管理者基于管理逻辑人为设定。两个绩效指标的关系不管是因子关系，还是关联关系，都存在正相关、负相关和不确定三种相关性关系。

任何一个<绩效指标池>中的"绩效指标"都可以基于 EBPM 平台自动生成图 3-61 所示的两个树。前提是，对于每一个指标都维护了两类关系，且只要维护一层关系即可。再强调一次，只要维护每一个指标的两类关系而且只是往下一层即可。这两个树由 EBPM 平台自动生成。靠人工去构建每个指标的关系树是很困难的。

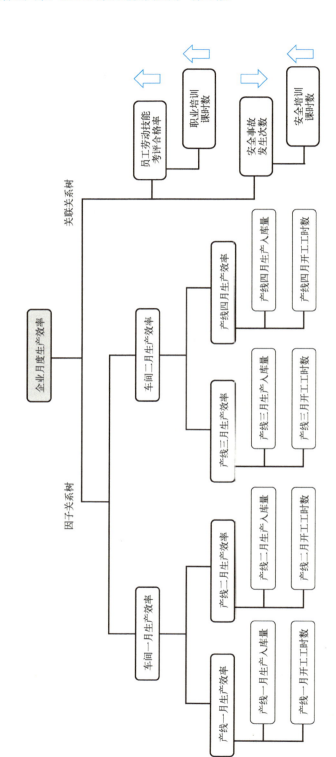

● 图 3-61 因子关系树和关联关系树

因子关系树一般较为明确和简洁。关联关系树可能会比较庞杂，一般会包括三类指标：因子指标中的关联关系指标；关联指标的因子关系指标；关联指标的关联关系指标。所以，这个树完全由人工一个个去梳理是极为困难的。

指标的关系树层层分解至最底层后，每一个因子都必须有一个"取数点"。能取到数是能够算出值的前提，而取数点通过将底层因子关联到"业务活动"结束事件中来表示。

➤ "绩效"的取数点（"绩效"与"事件"）

"绩效"与"事件"关联的逻辑是取数点，即数据来源。所以，关联到"事件"的都是指标关系树的底层因子，关联到"事件"是为了与关联到"活动""组织"和"风险"的逻辑区别开来，表示这个"绩效"在这里不是衡量是取数。

"绩效"关联到"活动""组织"和"风险"表示它是对这些要素对象的衡量。比如，将<员工工时记录填报及时率>关联到<周工时记录填报流程>中的<提交周工时记录>这个"业务活动（流程步骤）"，表示它是对这个环节的衡量指标。如果有考核，则同时又是考核指标。但是，是否取数点也在这个环节呢？可能是，可能不是。如果该公司有一个专门的<员工工时记录填报及时率统计流程>，而且有专门人员通过此流程整理并出具相关的汇总统计分析报告，那么，<员工工时记录填报及时率>的取数点并不是在<周工时记录填报流程>中的<提交周工时记录>这个"业务活动（流程步骤）"，而是在<员工工时记录填报及时率统计流程>的结束步骤上，即取数点与衡量点有可能是分离的。

2. 管理记录（简称为"记录"）

"管理记录"就是企业"业务活动"可追溯的证明性记录，记载着企业"业务活动"的"管理痕迹"。如图 3-62 所示，"记录"作为一个要素主要会被"业务活动（流程步骤）"引用，也会被各种管理文件模型引用。

➤ "管理记录"按载体分类

"管理记录"按其载体的特性可以分为"纸质管理记录"和"电子管理记录"两大类。如果一个管理记录同时具备这两种特性，通常认为一定需要打印出来的属于"纸质管理记录"；可打印也可不打印的管理记录属于"电子管理记录"。

➤ "管理记录"按作用分类

"管理记录"按其在企业管理中所起的作用又可以分为表、证、单、书四大类："表"即"业务报表"；"证"即"业务凭证"；"单"即"业务单据"和"业务表单"；"书"即"业务文件"和"业务文书"。

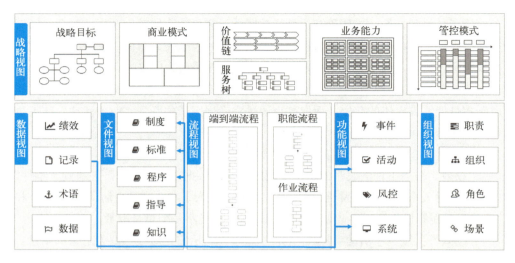

● 图 3-62　"记录"与其他要素的关联关系示意图

➢ "管理记录"的梳理

作为 EBPM 方法论三大基本原则之一"痕迹原则"的主要载体，管理记录的梳理和设计是非常关键的一个环节。同一套"管理记录"对应同一条"职能流程"，这是"职能流程"颗粒度切分的标准（参见 3.2 节"职能流程"的定义及切分原则）。

图 3-63 所示表格是在"管理记录"梳理过程中常常用到的表格样式。即针对每一项"管理记录"都要理清楚以下四个问题。

编号	记录名称	生成环节	负责生成的人员	需求方	需求的频率	需求的数量	质量要求	有什么用途
001	《市场调研报告》	市场调研流程	市场部	销售部	每月25号前	1份	精准预测市场需求	制定《月销售计划》

● 图 3-63　"管理记录"梳理表格样式

1）这些"管理记录"是在哪个环节生成的？

2）这些"管理记录"由谁负责生成的？

3）这些"管理记录"有谁需要？

4）对这些"管理记录"的输出频率、数量和质量有什么要求？当然，这应该由需求者来提。

3. 管理术语（简称为"术语"）

"管理术语"即构建企业管理体系时用来表示某特定专业领域内的专业名词或专业用语的固定词汇。如图 3-64 所示，"术语"作为管理要素，主要被"职能流程"和管理体系文件模型所引用。

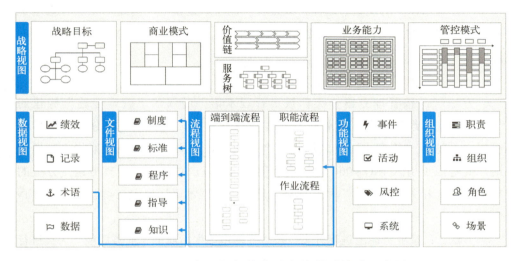

● 图 3-64 "术语"与其他要素的关联关系示意图

➤ "管理术语"按首字母进行分类

EBPM 方法论推荐英文的"管理术语"按照首字母进行分类，中文的"管理术语"按照首字拼音的第一个字母进行分类，开头是数字的"管理术语"直接按数字进行分类，来构建"管理术语"的基本分类架构。所以，一级目录由 26 个英文字母和 10 个数字组成。这里需要特别注意的是，开头是数字的"管理术语"如何定义，在实践中必须明确下来。比如"一类资质"算不算数字开头。如果觉得会混淆，也可以不按数字开头分类，将"一类资质"按首字母的拼音纳入"Y"这一分类中。

按"管理术语"的首字母进行分类，构建基本分类架构，有如下的意义。

意义之一：按首字母进行分类的最大好处是可以确保"管理术语"所属末级分类的唯一性。即一个"管理术语"一定只属于一个末级分类，而且不会有歧义。如果基于"业务主题"或"业务职能"进行分类，很难保证不会有同一个"管理术语"隶属于多个末级分类的情况，这样就无法构建一个真正意义上的基本分类架构了。

意义之二：按首字母进行分类的另一个好处是易于发现"管理术语"是否有重复定义和维护的现象。如果按"业务主题"或"业务职能"进行分类，而不同的"业务主题"和"业务职能"中的"管理术语"一般又是由不同的部门负责定义维护的，那就很难发现在不同的"业务主题"和"业务职能"分类中维护了同一个"管理术语"的现象。这样，虽然统一梳理和建模了，但还是无法有效避免重复定义造成的人工浪费和定义不一致的冲突。更重要的是，会造成阅读人员的迷惑。

➤ "管理术语"的其他分类方法

方法一：按管理专题分类。按"管理术语"所属的"管理专题"构建的"管理术语分类"是另一种常见的多维度分类方案。按管理专题分类，很多情况下也是这些"管理术语"之所以会产生或存在的原因。比如，某些"管理术语"就是由于引入 ISO 9000 体系而产生的，所以应放在"按管理专题"分类的"ISO 9000 相关管理术语"中。同时，这些"管理术语"也应在<基本分类架构>中存在。

方法二：按业务职能进行分类。按"管理术语"所属的"业务职能"大类进行分类构建的"管理术语分类"是另一种多维度分类方法。这种方法较易操作，当然也不可避免有同一个"管理术语"出现在不同分类中的可能。

➤ 梳理"管理术语"的意义

意义之一：将"管理术语"作为一个管理要素进行统一的梳理和建模，是因为在"管理体系模型"的构建中会大量重复用到"管理术语"。所以，统一构建模型对象，然后引用"管理术语"至"管理体系模型"的其他对象中，可以大大提高构建"管理体系模型"时的工作效率和大大减少"管理术语"引用的错误率。

意义之二：有利于规范和维护"管理术语"的相关描述和定义，有效避免在不同地方出现"管理术语"描述和定义各不相同的情况。

意义之三：有利于明确各类"管理术语"定义和维护的责任人。不但可以避免重复维护各种版本而造成的人工成本浪费，而且还可以有效地避免由于重复定义造成的各版本间冲突问题。

意义之四：可以进行统一的发布。比如发布"我的术语"（即此员工相关的术语）、"各专题术语库"（某一专业相关的所有术语）。这样也便于员工对"管理术语"

的查询、浏览和学习。

4. 业务数据（简称为"数据"）

EBPM 方法论中的"业务数据"是指业务活动中产生的元数据。业务元数据是企业数据资产目录的重要组成部分。企业不仅要对业务元数据进行定义和管理，还应通过工具和技术手段从数据源对元数据进行采集，进而构建对于元数据的治理体系。"数据"与其他要素的关联关系如图 3-65 所示。

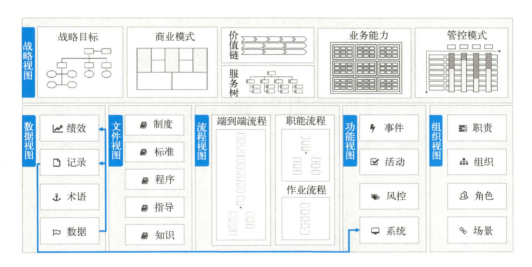

● 图 3-65 "数据"与其他要素关联关系示意图

> 数据源管理

在实际流程运行过程中，业务元数据是在某一个业务活动发生时产生的，并可以在记录此业务活动的管理记录中采集到。所以，业务元数据-管理记录-业务活动描述了业务元数据的源头，此模型可以用作数据源管理。

> 绩效指标取数点管理

如图 3-66 所示，绩效指标最终会拆解到取数因子，而取数因子又会关联到一个元数据项。元数据项可以从某一个管理记录中采集，而管理记录又是某一个流程活动所产生的，按此逻辑追溯，可以找到绩效指标取数项与业务活动的关系，即此活动完成后可以采集到元数据项，进而算出绩效指标。

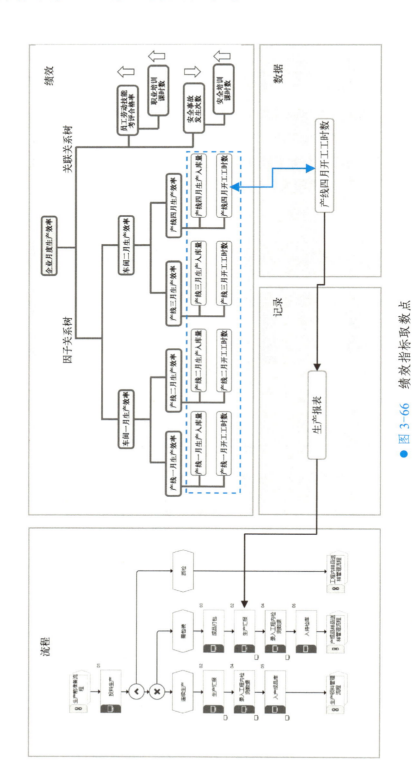

● 图 3-66　绩效指标取数点

应用案例——为什么要这些"管理记录"？

某企业基于 EBPM 方法论全面清理了当前所有在用的"管理记录"，并且针对理出来的每一项"管理记录"都认真回答了图 3-67 所示的问题。

编号	记录名称	生成环节	负责生成的人员	需求方	需求的频率	需求的数量	质量要求	有什么用途

● 图 3-67 "管理记录"分析

梳理后发现有一份《市场调研报告》的相关信息如下。

- 生成环节：<市场调研流程>。
- 生成人员：市场部员工。
- 需求方：销售部。
- 需求的频率：每月 25 号前。
- 需求的数量：1 份。
- 质量要求：精准预测市场需求。
- 主要用途：作为制定《月销售计划》的依据之一。

项目组在理出上述信息后，去向销售部确认是否每月收到过这份《市场调研报告》，销售部反馈确实收到了。

然而，当项目组阐述了以下观点后，结果却发生了大的翻转。项目组的观点是这样的：这份报告现在只有销售部需要，每次只出一份；市场部本身也不需要这份报告，他们说就是为了销售部专门做的。所以，严格意义上来说，生成这份报告的成本属于支持销售的成本。公司管理层有一个想法，类似这样的成本，今后应部分纳入销售部的成本中，属于销售部购买的内部服务。

此言一出，销售部经理的第一反应居然是："那我们就不需要这份报告了"。然后，他开始抱怨，说市场部的报告质量很差，预测根本不准。而他每月又要给生产部报《月销售计划》，而《月销售计划》的准确性是考核销售部的主要指标之一。所以，他不得不向一家国际知名的市场调研公司每月去购买一份市场预测报告。那么，从外面购买的报告准不准呢？"预测总不可能百分百准的，但外面的报告精准度确实高了很多，指导销售计划是够用了！"销售部经理这样说道，"如果公司市场部的这份报告也要考虑将部分成本算在我头上，我还不如不要了！"

经过这样一翻梳理，这家公司最终去掉了 23 份这样的"管理记录"。事实上，这已经是在梳理"职能流程"了。因为这 23 份"管理记录"对应的"职能流程"也不再需要梳理了。

这家公司基于"管理记录"的梳理工作，后续还发现了很多意想不到的问题。比如，因为销售部总是抱怨市场部做的预测不准确，市场部的压力很大，所以正准备高薪招聘一位市场调研的资深从业人员，正要发入职通知呢！

应用案例——从哪儿取数，为什么不是技术问题？

某企业构建了信息化的管理系统，每季度末对销售人员的销量考核也改由信息化系统处理。而且，销售系统与人事系统和财务系统实现了完全的集成。到季度末，系统会自动统计销售人员的销售量，然后根据考核细则自动计算应得奖金，最后将相关信息传送给财务系统并据此发放奖金。

在上述管理体系的构建中，有一点一开始没有引起管理者的过多关注，即销量的取数点设在哪里？在<数据视图>的"绩效"讲解中，提到过这个概念。在实践中，取数点的不同会对管理带来很大的影响。所以，在构建"绩效"模型时，必须理清楚取数点，并认真进行分析和优化。

本案例中的企业，一开始认为发货即为销售。即到季度末总共从本公司成品仓库发出去的产品，就属于该销售人员本季度的销量。因为在系统中没有合同是不能发货的，有合同又发货了，自然可以认为发货量就是该销售人员的销量。该销售人员也可以据此获取季度奖金。

然而，很快便有人发现，有销售串通 IT 人员，每到季度末就将系统中的负库存功能偷偷启用。为什么呢？因为可能会有这种情况，就是销售人员签订了合同，但由于生产部没有及时生产出来而没有发货，这些销量对于某个销售人员来说，可能是至关重要的。加上这点销量，销售人员的奖金可以达到另一个等级，或者他可能处在达标和未达标的边缘，觉得很冤枉，所以就有了这些行为。所谓负库存，就是成品还未入库，就先发货了，所以成品库的库存变成了负数。当然，这样的发货是属于系统内的，实际上并未发出去。影响的只是销售人员奖金的核算结果。

不管因为没有生产出来而不算销售业绩这一点是否合理，负库存对于管理者来说是不能接受的。于是，管理者决定严格控制 IT 系统的功能配置，增加相关的流程和制度。另外，索性将取数点放到开票环节。即不是将发货量算作销量，而是将开票金额算作销量。每一季度末，将本季度的开票额算作销售人员的销量。

那么结果呢？结果是，每到季度末，对于差一点就可以达标，或差一点奖金就可上一档次的销售人员来说，先开票再说。有问题下一季度再让客户将发票退回，反正奖金已经拿到了。这对该企业的财务来说，可是个大麻烦。

于是，管理者又修改了取数点，将销量改为回款，以收到款项为准。即季度末将本季度收到的回款算作该销售人员的销量。

绩效考核指标<销售人员的销量>的不同取数点对整个销售团队的行为和企业运营带来的影响不可谓不大。所以，任何 EBPM 架构中的管理要素都是重要的，都会对管理体系的运营产生影响。

还是这家公司，曾经有人提出，对销售人员仅考核销量是不合理的。市场规模是在动态变化的，比如今年的市场规模扩大了，而本公司的市场占有率却下降了。但是，由于市场规模扩大，绝对的销量还是增长了，销售员大都拿到了很高的奖金。在市场规模扩大而本企业占有率下降的情况下，销售人员拿那么多奖金合理吗？

鉴于这种质疑，有人提议，除了绝对销量之外，市场占有率也应作为一个指标纳入对销售人员的考核中。然而，在构建 EBPM 架构模型时，这个提议遇到了一个很现实的问题：市占率=本公司销量/市场规模。本公司销量从哪儿取数，已经演变过多次了；那么，市场规模从哪儿取数呢？取数点在哪儿呢？ 取不到数的指标是没有意义的。于是有人提出，是否可以让市场部每季度出具一份市场规模的分析报告。

3.2　二维流程架构

如图 3-68 所示，所谓"二维流程架构"是指 EBPM 架构中的<流程视图>，由"端到端流程"、"职能流程"和"作业流程"三类要素构成。其中，"端到端流程"是一个维度，体现协同工作；"职能流程"是另一个维度，体现职能分工；而"作业流程"是对"流程步骤"的作业指导或说明。

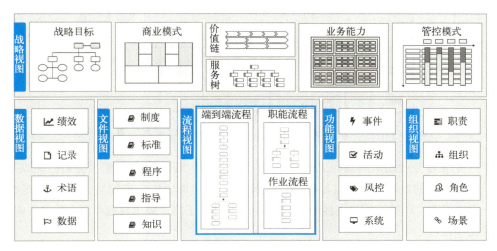

● 图 3-68　二维流程架构

"二维流程架构"要解决的实际问题

通过一个维度讲不清楚"分工"和"协作"两件事，这就是很多企业在梳理流程体系时遇到的问题。"二维流程架构"理论就是要解决这一问题，帮助企业将流程体系"理清楚""管起来"，并构建"持续优化"机制。

如图 3-69 所示，现代企业大都是分工协作型的组织，按不同的职能分工建立相应的职能部门，再通过各职能部门间的相互协作来完成某项具体的工作。一个企业应具备哪些职能，是由其自身的战略和商业模式决定的，而构建"职能流程"则是企业建立自身能力的必要手段。比如，<生产制造>是一个制造型企业必须具备的能力，因此应该构建一套<生产管理流程>。而对于某个代加工企业来说，新产品研发并非其必备的能力，因此也就没有必要构建一套<产品研发流程>。企业构建的所有"职能流程"最终形成了一个"职能流程池"。

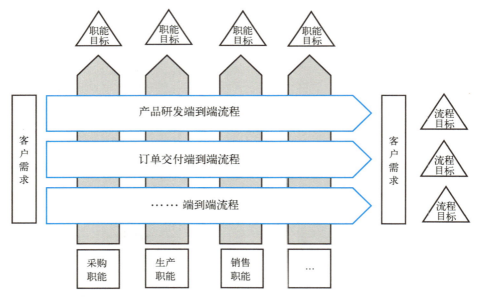

● 图 3-69　"职能流程"体现分工，"端到端流程"体现协同

企业各专业团队间协同工作的过程，就是不同"职能流程"前后接力，完成某一具体工作的过程，这个过程称为"端到端流程"，即"E2E 流程"。E2E 流程是由一个或多个"职能流程"连接而成的"流程"，体现了自"需求发起"至"需求关闭"的完整过程。

很多企业在构建业务流程体系时，往往只关注"职能流程"，在建立了诸如采购流程、质量流程、财务流程等一系列"职能流程"之后，就认为流程体系已建设完毕了。事实上，这仅仅是解决了分工问题，只是梳理了"职能流程片断"，并没有真正解决协同运作的问题，距离打破部门壁垒、实现精益运营的流程管理目标则相差更远。只有将端到端流程体系也建立起来，才算真正完成了流程管理体系的建设。

有些企业也认识到了流程体系的二维性问题，并试着采用一些方法来解决这个问题。比如，为了同时描述业务流程的"职能分工"以及"协同工作"这两个维度，有的企业采用了图 3-70 所示的<流程钩稽图>，即一级流程总图是按职能分工划出的大的区块，每一个区块就是一类业务职能；然后，在每个业务职能区块中罗列所属"职能流程"的名称，单击展开，出现具体的职能流程图；最后，在一级流程总图中，用错综复杂的线条来描述"职能流程"与"职能流程"之间的关系。理论上，这似乎也达到了从"职能分工"及"协同工作"两个维度来描述流程体系的目的。但事实上，这样的流程总图或者说<流程钩稽图>，除了可以达到比较壮观的视觉效果外，基本没有别的用处了。就连绘制这张图的人估计也很难准确地回答某一个具体的"业务需求"应从哪一个"职能流程"开始，经过哪些"职能流程"，最终在哪个"职能流程"结束，从而通过一条"端到端流程"满足了此"业务需求"。迷宫一样的流程图，并没有真正理清楚企业的流程体系。

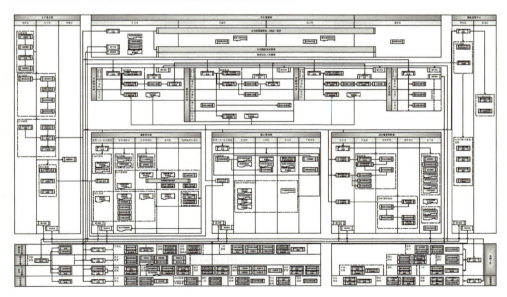

● 图 3-70　流程钩稽图

企业一般都是按职能分工构建组织架构的。梳理业务流程，构建流程性的组织，不等于要推倒或否定这套基于职能分工构建的组织架构。职能分工本身是合理的也是必要的。职能分工的目的，是让专业的人做专业的事，以达到更好的工作效果。而端到端流程体系是为了解决如何将这些专业的人协同起来高效完成某项具体工作的问题。所以，这两者都很重要，这两套体系都必须构建。

　　EBPM 方法论中"二维流程架构"的含义就是"职能流程"和"端到端流程"是两套独立的流程架构，它们之间的关联逻辑是"端到端流程"由"职能流程"构成，如图 3-71 所示。一个企业的运营体系，本质上就是一套"分工协作体系"，按"职能"进行分工，具体表现在基于职能构建"组织架构"和"职能流程"，然后再按"端到端流程"进行协同工作。

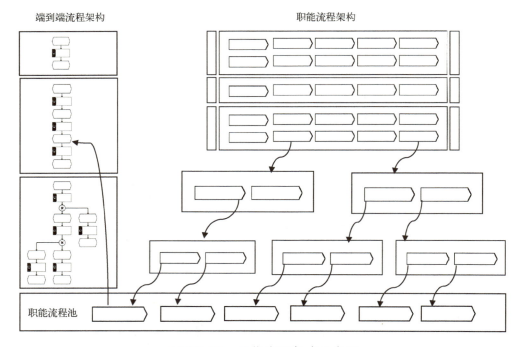

● 图 3-71　二维流程架构示意图

　　总之，"二维流程架构"强调从两个维度来梳理和构建业务流程体系，而不是将这两者混为一体。一个是"职能分工"的维度，即基于业务职能进行"职能流程"的梳理，侧重的是"分工"，包括采购流程、销售流程、生产流程等。另一个是"协同工作"的维度，专门描述"职能流程"与"职能流程"之间的关系，包接触发机制和连接机制，最终构建一套协同的工作体系来满足内外部客户的各类"业务需求"。将"分工"与"协作"分成两套流程架构进行梳理，而不是试图通过一套流程架构来同时说明这两个维度，这就是"二维流程架构"理论最基本的思想。

"职能流程"的定义及切分原则

"职能流程"是输出一套完整"管理记录"的一段"事件-活动链"，是以完成一项具体的"业务事项"为目标的一系列连贯、有序的"业务活动"的组合。

"职能流程"不一定是独立触发的，可能是由另一"职能流程"的结束事件触发的。当然，一条"职能流程"也可能是独立触发的。总之，对于"职能流程"这个管理要素，是否拥有独立触发点不是要考虑的重点；是否形成一套完整的"管理记录"，才是需要关注的重点。

1. "职能流程"颗粒度的切分原则

相同的"输出"对应同一条"职能流程"，不同的"输出"对应不同的"职能流程"。而"职能流程"的"输出"是通过"管理记录"来体现的。所谓相同的"输出"是指同一套"管理记录"，所谓不同的"输出"是指不属于同一套的"管理记录"。一套"管理记录"可以是一张或多张表单、一个文件或多个文件，也可以是一组存储在信息系统中的数据。EBPM 方法论就是将"管理记录"作为"职能流程"颗粒度的切分原则。

从本质上来说，代表流程"输出"的"管理记录"是一种人为约定的标识，就像标签一样。相同的"管理记录"对应相同的"职能流程"，不同的"管理记录"对应不同的"职能流程"。所以，这个切分"职能流程"颗粒度的原则，反过来也可以这样理解：当你认为两个"职能流程"片段属于同一个"职能流程"时，请将代表这两个流程"输出"的"管理记录"设计成一套"管理记录"；反之请设计成不同套的"管理记录"，以便于识别和管理。

2. "职能流程"颗粒度切分原则的意义

如果没有"职能流程"颗粒度的切分原则，那么企业内部不同的团队在不同的情况下，以及不同的时间点，对于"职能流程"的描述将会大相径庭。以下问题将会非常突出。

● **没有切分原则，"职能流程"可能存在重复梳理的问题。**不同的职能部门在梳理流程时，往往会梳理出很多重复的流程，比如大家都理出一个<费用报销流程>。那么，各部门梳理出来的这些<费用报销流程>究竟应合并还是应拆分成不同的"职能流程"呢？基于 EBPM 方法论的切分原则，就要看这些<费用报销流程>是否输出同一套"管理记录"，比如《费用报销流转单》。如果企业只有一套《费用报销流转单》，那么这些所谓<财务部费用报销流程><生产部费用报销流程><总裁办费用报销流程>就应该合并成一条<费用报

销流程>，如果不是则应拆分成不同的<费用报销流程>。

- 没有切分原则，"职能流程"可能存在长短不定的问题。"职能流程"是一段"事件-活动链"，那么多长一段才算是一条"职能流程"呢？如果没有一个明确的切分原则，企业员工在梳理"职能流程"时经常会不自觉地陷入组织的壁垒，即梳理所谓的部门流程。有的方法论中甚至还建议企业按所谓科室流程、部门流程和公司流程对"职能流程"进行切分。这样的切分原则，将"职能流程"与组织边界进行了硬性绑定，而且是必须先有组织才可以有"职能流程"，虽然不能说完全行不通，但 EBPM 方法论认为这不是一种好的"职能流程"切分方法。流程的本质就是关注业务本身，打破组织壁垒，完全基于组织边界切分和梳理流程是有违流程的真正管理诉求的。而基于"管理记录"来切分"职能流程"的长短，其本质是关注是否将一件事做完了，因为一套完整的"管理记录"对应的是一个"业务事项"。比如，<费用报销流程>的最后一个环节是总裁审批，而总裁是在《费用报销流转单》的最后一栏签字，那么虽然最后一个流程环节超出了某一部门的边界，也应视其为属于同一段"职能流程"。而在有的企业中，由于没有明确的"职能流程"切分原则，有的员工就只梳理到部门经理审批，最后一个环节由于是总裁审批，不在本部门范围内，就不梳理了。于是，一条"职能流程"就被拆成两条。而有的人认为，这明明就是一件事，而且只有最后一个环节不在本部门内，所以应该纳入本"职能流程"，于是又将两条"职能流程"合二为一。那么，究竟是一条还是两条？没有一个很好的切分原则，流程梳理的结果也就成为一笔糊涂账了。

总之，如果没有明确的"职能流程"颗粒度的切分原则，对于完全一样的业务活动，企业内部不同的团队梳理流程时会得出完全不同的结果，这个团队可能理出几十条，另一个团队可以理出几百条，企业究竟有多少条"职能流程"所有人都搞不清楚。

更有甚者，有的团队仅仅因为切分方法不同，比如将原来一百多条流程合并成几十条流程了，注意，仅仅是流程图合并而已，却报称实现了流程优化，将一百多条流程优化成了几十条。这种无异于"谎报军功"的行为，在企业中并不少见。

3. 为什么用"管理记录"作为"职能流程"颗粒度的切分原则

- "输出"本身就是业务流程定义中强调的一个要素，即任何业务流程必须有"输出"，所以"输出"是每一条业务流程必备的一个特征。
- 强调代表流程"输出"的"管理记录"，就是在强调"管理痕迹"。由于"管理记录"是可以被识别和讨论的，避免了关于流程颗粒度的讨论陷于概念或经验层面的空谈。

- 由于"职能流程"是基于职能分工进行切分和管理的，采用"管理记录"作为切分"职能流程"的标准，便于同职能部门讨论此流程片段归属于哪个职能块，由哪个部门作为流程的主人。
- 由于"管理记录"是人为的设计，所以可以根据业务理解进行灵活调整，从这一点来看，它是一个较易应用的切分原则。
- 由于强调将"管理记录"作为职能流程切分的颗粒度，因此"职能流程"的多少可以反映"管理记录"的多少，也可以反映一个企业管控的细度。

职能流程图

1. EPC 流程图

EBPM 方法论采用由德国希尔教授提出的 EPC 流程图。EPC 即"事件驱动的流程链"，其最大特点是"事件驱动"，即流程图中一定要有"事件"。阅读本小节时，请结合 3.1 节功能视图描述中"业务事件"部分所介绍的内容，其中我们也曾提到 EPC 流程图，并给出了简化前后的 EPC 流程图示例。

➤ EPC 流程图中的三个逻辑符

在 EPC 流程图中，会用到一组图 3-72 所示的逻辑符。

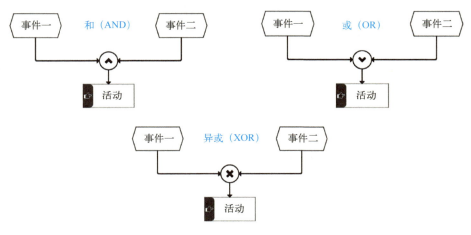

图 3-72 三个逻辑符

- 和（AND）：<事件一>和<事件二>同时发生，活动才会被触发，只有一个发生时，活动不会被触发。
- 或（OR）：<事件一>和<事件二>只要有一个发生，活动就会被触发。如果两个同时发生，活动也会被触发，而且这两个事件是有可能同时发生的。

- **异或（XOR）**：<事件一>和<事件二>只要有一个发生，活动就会被触发。而且，这两个事件是不会同时发生的，即<事件一>发生的同时，<事件二>一定不会发生，反之亦然。

➤ 流程分叉时，"业务事件"与"业务活动"的触发规则

规则一：一个事件可以触发一个活动，也可以触发多个活动。但是，如果一个事件触发多个活动，必须是"和（AND）"的关系，不能是"异或（XOR）""或（OR）"的关系，如图 3-73 所示。

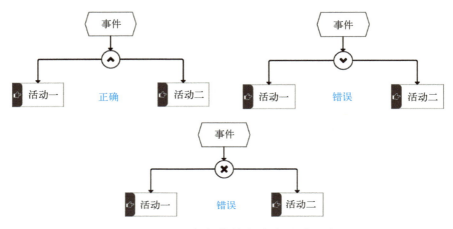

● 图 3-73 一个事件触发多个活动示意图

规则二：如图 3-74 所示，多个事件触发一个活动是可以的，但并列的事件必须是同等效力的。

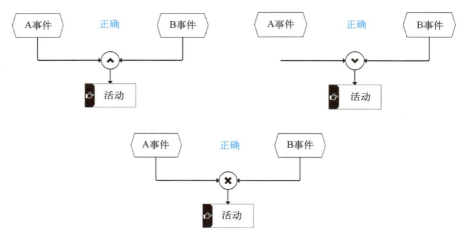

● 图 3-74 多个事件触发一个活动示意图

所谓"同等效力事件"是指事件触发活动的效力是相同的。比如，A 事件和 B
事件并列触发同一个活动，两个事件是"OR（或）"的关系。但是，A 事件发生时，
不触发此活动；B 事件发生时，一定触发此活动；A 事件和 B 事件同时发生时，也
一定触发此活动。此时，这两个事件就不是同等效力事件，不可作为并列事件，"OR
（或）"的关系也是错误的，改成"AND（和）""XOR（异或）"的关系也不正确。
上述情况正确的画法如图 3-75 所示。<A 事件>和<B 事件>同时发生是一种情况，
而<B 事件>单独发生是第二种情况，这两种情况用一个"XOR（异或）"逻辑符相
连，表示要么发生第一种情况即<A 事件>和<B 事件>同时发生，要么发生第二种情
况即<B 事件>单独发生，这两种情况不会同时发生。而这两种情况中只要有一种发
生，就会触发<活动一>。

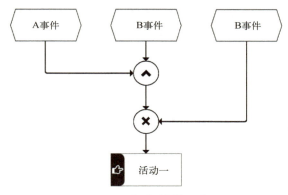

● 图 3-75　复合逻辑示意图 1

　　如果<A 事件>和<B 事件>同时发生这种情况和<B 事件>单独发生这种情况不是
互斥的，这两种情况可能同时发生，也可能只发生一种，但都会触发<活动一>，这
种逻辑的表述方法如图 3-76 所示，<活动一>上方应改为"OR（或）"的逻辑符。

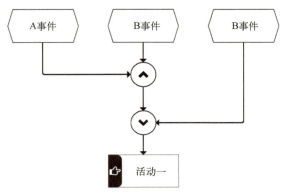

● 图 3-76　复合逻辑示意图 2

规则三：多个事件触发多个活动是可以的，但必须有多个逻辑符，同样，多个事件并列的话，这些事件必须是同等效力的。

如图 3-77 所示，多个事件触发多个活动，必须用上下两个逻辑符，也就是采用复合逻辑符的表达方式。

图中上面的逻辑符表示多个事件的选择关系，这里是"XOR（异或）"关系，即<A 事件>、<B 事件>和<C 事件>不会同时发生，一个流程实例中只会发生其中一种情况。

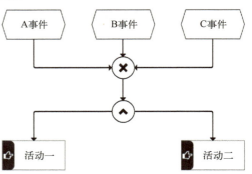

下面的逻辑符表示触发其下方"业

● 图 3-77　多个事件触发多个活动示意图

务活动"的逻辑关系，这里是"AND（和）"的关系，即下方的<活动一>和<活动二>是同时被触发的，不存在只触发一个活动的可能性。

一般情况下，建议尽可能避免采用复合逻辑符这样较复杂的逻辑表述方式来描述流程。

规则四：分叉路径的起始和结束环节必须使用相同的逻辑符。如图 3-78 所示，在分叉路径的上、下方节点处，都用了"XOR（异或）"关系的逻辑符，这是正确的。

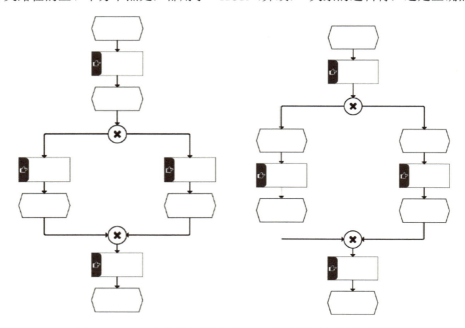

● 图 3-78　分叉路径起始和结束环节必须用相同的逻辑符

规则五："活动"的结果状态由"事件"表示，一个"活动"完成后可以导致多个"事件"，当然也可以导致一个"事件"。

2. "流程步骤"与管理要素的关联

EBPM 方法论中的"职能流程图"有两大特点：一是有"事件"，流程图是"事件-活动链"；二是每个"流程步骤"可以关联大量其他的管理要素。所以，"业务活动"（即"流程步骤"）是构建"一体化""结构化"模型至关重要的构成部分。如图 3-79 所示，大部分的管理要素如有需要都可以直接与"流程步骤"关联。另外，有一些管理要素也可以直接同"职能流程"本体关联。比如，一项<制度条款>关联到"职能流程"本体，说明此<制度条款>适用于本流程内的所有"流程步骤"；如果一项<制度条款>关联到"流程步骤"，则说明此<制度条款>仅适用于此"流程步骤"。

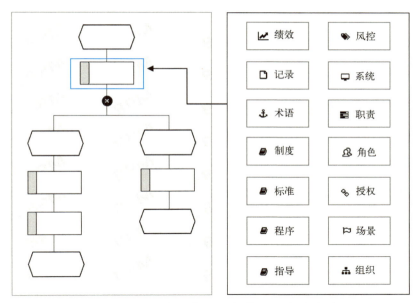

● 图 3-79 "流程步骤"与管理要素的关联

职能流程架构

1. "职能流程架构"的定义

"职能流程架构"即按职能对"职能流程"进行分层分类的架构。所以，"职能流程架构"中除末级流程以外，其他各级都是分类，不是流程。

如图 3-80 所示，"流程地图"是"职能流程架构"的第一层，由"流程区域"这个一级分类目录构成。比如，<采购管理>就是一个一级分类目录，即一个"流程区域"。

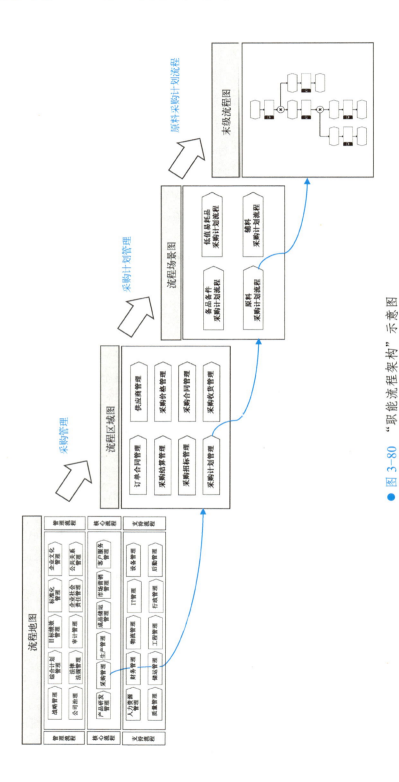

● 图 3-80　"职能流程架构"示意图

"流程区域图"是对某个一级目录（即"流程区域"）的展开，展现的是"职能流程架构"的二级分类目录（即"流程场景"）。每一个"流程场景"就是一个二级分类目录。

"流程场景图"是对某个二级目录（即"流程场景"）的展开，展现的是"职能流程架构"的三级分类目录（即"职能流程"）。所以，"职能流程"就是对某一类"流程场景"的细分场景，三级分类目录就是"职能流程清单"。不同的细分场景是否拆出不同的"职能流程"，取决于"输出"的"管理记录"是否是同一套。如果按细分场景拆出不同的"职能流程"后发现这些"职能流程"的"输出"确实不同，但是"流程步骤"和"流程路径"完全一样，则可以采用流程变体的方案，将多个"场景"合并为同一个"职能流程"。详情见 3.1 节组织视图描述中关于"职能流程变体"的说明。

"末级流程图"是对某个三级目录（即"职能流程"）的展开，展现的是 EPC 流程图。

需要特别指出的是，上述分类方法是 EBPM 方法论建议的标准方案，企业在实际操作中，可以结合自身的情况进行适当的调整。

2. "职能流程架构"的一级分类

"流程地图"首先将企业的职能流程分为三大类别，如图 3-81 所示。

● 图 3-81　"流程地图"示例

- **管理流程**：是基于企业战略对企业管理体系进行规划、监管和分析优化的职能类别。
- **核心流程**：属于企业价值增值链的职能类别，能够增加客户"效用值"且企业愿意为之支付相应价格。其特点是，关注外部客户满意度、效率、质量及成本。
- **支持流程**：是为核心流程和管理流程提供服务和保障的职能类别，确保所需资源和服务的供应，使其能够更好地运转。一般包括提供人、财、物及信息等资源管理的流程。

"职能流程架构"的一级分类是在这三大类流程的基础上罗列出的"流程区域"的名称。

3. "职能流程架构"的二、三级分类

"职能流程架构"的二、三级分类如图 3-82 所示。

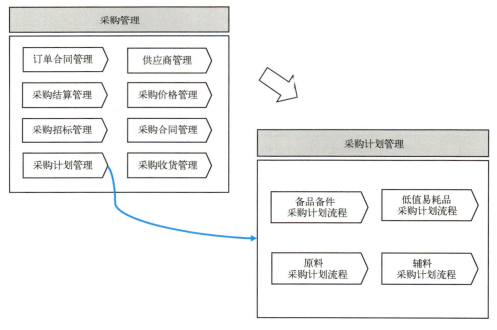

● 图 3-82　"职能流程架构"的二、三级分类

"流程区域图"内展示的是二级分类，即"流程场景"，一般按 PDCA 管理过程细分或者按职能类别细分。

"流程场景图"内展示的是三级分类，即"职能流程"，又称为"流程清单"，

是对某一场景的细分。

4. "职能流程架构"的意义

构建"职能流程架构"对于企业来说有以下意义。

- 可以从业务职能的完整性角度来审视企业的管理是否有职能缺失。
- 结合企业按职能分工构建组织体系的现实情况，进行流程片断即"职能流程"的梳理，符合企业管理的现实情况，易于操作和管理。
- 为从协同运营角度构建"端到端流程"体系打下坚实的基础，避免直接梳理"端到端流程"带来的不易操作且大量重复梳理的问题。如果没有"职能流程架构"而直接梳理"端到端流程架构"，本质上也不能真实反映企业基于"分工-协同"构建管理体系的现实情况。

"职能流程架构"构建完毕后，还会存在流程补充或合并的情况。比如，在"端到端流程"梳理过程中，通过业务接口分析会发现部分流程需要补充梳理，也会出现几条流程需要合并的情况。只有在流程梳理阶段工作结束后，才会最终梳理出相对稳定的"职能流程架构"。另外，随着企业的发展，"职能流程架构"会不断调整。新业务开展、老业务取消，都会对架构造成影响。因此，在流程体系建成后，企业需要考虑建立流程治理体系，以便对流程体系建设成果进行持续完善。

"端到端流程"的定义及切分原则

1. "端到端流程"的定义

"端到端流程"是"需求发起"至"需求关闭"的全业务过程。这里的"需求"是指"业务需求"，即企业在运营过程中由内外部人员提出的需要加以满足的业务要求。只有满足了这些业务要求，企业才能实现商业模式的正常运转，进而实现既定的战略目标。

"业务需求"由三个核心概念构成，第一个是"需求提出者"，第二个是"业务对象"，第三个是"业务诉求"，即由"需求提出者"对一个"业务对象"的"业务诉求"构成了一个"业务需求"。比如，"生产部需要购买新设备"就是一个"业务需求"。"生产部"是"需求提出者"；"新设备"是"业务对象"；"购买"是"业务诉求"。同样，"生产部需要租赁新设备"是不同于"生产部需要购买新设备"的另一个"业务需求"，虽然其针对的"业务对象"是一样的，但是诉求不一样，一个是

"购买"，另一个是"租赁"。

2."端到端流程"的切分原则

"端到端流程"的定义，即"需求发起"至"需求关闭"的全业务过程，决定了"端到端流程"的切分原则，即颗粒度。由于"需求"一定是由人提出的，"端到端流程"的颗粒度与"需求人"也密切相关。所以，梳理"端到端流程"时，一定要定位好面向的需求者是谁，然后再来谈起点和终点在哪里。

端到端流程图

1."端到端流程图"的最大特点：有"独立触发点"

EBPM 方法论中"职能流程图"的最大特点是有"业务事件"，是 EPC 流程图；而"端到端流程图"的最大特点是有"独立触发点"。

"端到端流程体系"是企业的日常运营体系。它的本质不是一条条独立的业务流程，而是相互关联的一套流程体系，是在职能分工的基础上，梳理、设计和构建的一套相互协同的机制。好比长江流域图的梳理，"端到端流程体系"就是要理清楚企业内部业务流程的流域图，而不仅仅是一条流程的流程图。但是，要理清楚流域图，首先还是要一条条流程进行勘测和梳理，然后再将这些流程的相互关系理清楚，就像对长江流域各条河流的梳理一样。

"端到端流程"是指"需求发起"至"需求关闭"的全过程。如果假设长江流域全程都可以通航，同时，假设"需求"是指航行的需求，那么从流域内任何一点至另一点都可能构成一个航行的"需求"，相对地，就有一条满足这个"需求"的河流。

真正的企业运营体系是由不同的流程构成的一套相互关联的系统。不同的河流（干流、支流）都有各自独立的源头，同样，每条流程也有一个独立的起点，我们称之为"独立触发点"，而河流与河流的交汇处就对应流程的接口。

有的地方可能还修有水库，航行至水库大坝，行程自然就中断了，必须通过船闸方能通过。这些船闸我们也称之为"独立触发点"，在流程体系中间的"独立触发点"又称为"流程断点"，即流程体系在此处是中断的，需要通过另一个独立的触发机制，方能继续下一段行程。"流程断点"是客观的存在，但"流程断点"不等于就是错误的。就好比在长江流域中，我们修水库大坝时将河流截流、一切为二，此时所造成的断点就是为了整个流域更多的安全性等故意为之的。

如前所述，如果将"需求"类比为航行的需求，那么企业的"端到端流程体系"

就是为了满足这种"需求"而构建的流域。对于"需求"提出者如外部客户来说，自然希望航行的速度越快越好，船票价格越低越好，中间的断点越少越好。但是，对于企业来说，在这些指标的基础上还需要考虑流程的整体运行成本尽可能低、整体维护成本尽可能低，还要预防所有可能的风险。因此，整个流域的设计，除了关注客户的需求之外，还需要平衡整个流域的成本和风险。最终，整个体系的运营效果，应是这两者平衡的结果。很多"流程断点"就是为了达成最佳的平衡而人为设计的。

很多企业在梳理和构建"端到端流程体系"时，根本就没有引入"触发点"和"流程断点"的概念。这显然是一个很大的缺失。"触发点"的概念是源于"事件-活动链"的理论，即所有"业务活动"都是"业务事件"触发的；而所有"业务活动"也会产生"业务事件"。而"端到端流程"的起始"触发点"，是整条"端到端流程"能否被可靠并快速触发的关键所在。

2. "端到端流程图"的构建过程

➤ 选择直接参与需求满足过程的"职能流程"

"端到端流程"是"需求发起"至"需求关闭"的全过程，由"职能流程"构成。

基于上述两项基本定义，构建"端到端流程图"的第一步，就是从"职能流程架构"中选择所有直接参与了该"端到端流程"需求满足过程的"职能流程"。即所有直接参与的"职能流程"都应出现在"端到端流程图"上。

➤ 将"职能流程"按触发机制连接起来

一个前置"职能流程"连接一个后置"职能流程"的原因是因为前置"职能流程"的结束事件与后置"职能流程"的起始事件构成了一对"直接触发关系"，所以这两个"职能流程"形成了前后串联的关系，并成为某个"端到端流程"的一部分。即只有构成"直接触发关系"的两个"职能流程"才能串联在一起。

图 3-83 所示的两个"职能流程"<月度费用报销审批流程>和<付款流程>之所以前后串联在一起，是因为<月度费用报销审批流程>的结束事件<审批通过/需支付>会直接触发<付款流程>的第一个活动，即<填报付款申请表>，而不再需要满足其他条件。此时，我们认为这两个事件构成了"直接触发关系"。

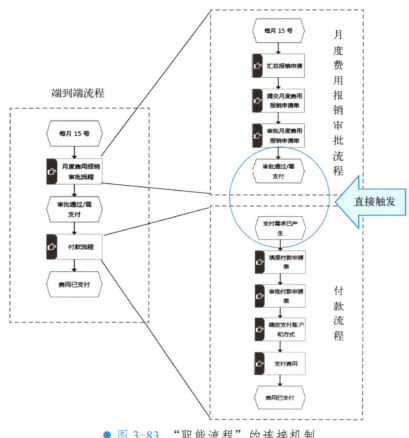

● 图 3-83　"职能流程"的连接机制

端到端流程架构

1. 端到端流程架构

"端到端流程架构"本质上是"业务需求"的分层、分类架构，其展开后的最小颗粒度是一个"业务需求"，而针对每一个"业务需求"都需要通过一个"端到端流程"加以满足，如图 3-84 所示。

EBPM 方法论建议"端到端流程架构"分成三级，一级目录是"端到端流程"的类别，二级目录是"端到端流程"的名称（即清单）；三级是末级"端到端流程图"。

"端到端流程架构"的一级分类一般建议采用图 3-85 所示的分类方法，即将"端到端流程"分成两大部分，第一部分是业务运营类端到端，第二部分是业务支撑及管理类端到端，包括人、财、物、IT、战略、法律合规、质量管理、体系管理等。业务运营类端到端一般又分为以下六类。

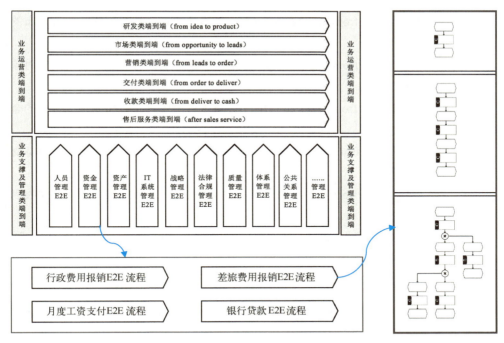

● 图 3-84 "端到端流程架构"示意图

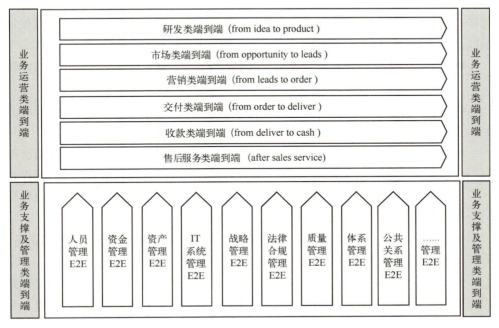

● 图 3-85 "端到端流程架构"的一级分类

- 研发类端到端（from idea to product）：描述从构思至新产品或新服务发布的全业务过程。
- 市场类端到端（from opportunity to leads）：描述从销售机会中找到销售对象的全业务过程。
- 营销类端到端（from leads to order）：描述将销售对象转化为签约客户的全业务过程。
- 交付类端到端（from order to deliver）：描述从接到订单到完成产品或服务交付的全业务过程。
- 收款类端到端（from deliver to cash）：描述从完成产品或服务的交付到收到销售回款的全过程。
- 售后服务类端到端（after sales service）：措述从客户发起一个售后服务需求，到此售后服务需求关闭的全过程。

2. 端到端流程主人

"端到端流程主人"指负责牵头梳理和设计"端到端流程"，并负责对"端到端流程"的整体运营效果进行监控和优化的责任主体。一般由一个特定的职能部门来承担这个角色。

"端到端流程主人"（可以不是一个人）应有明确负责的"端到端流程"，并对这些"端到端流程"所涉及的业务范畴内的流程具有完整的管理权。这些管理权包括以下几项。

- 战略制定权：在理解和明确企业战略的前提下，制定企业在端到端领域内的战略目标。
- 流程设计权：负责制定"端到端流程"，决策"端到端流程"所属的职能流程及所对应的角色和岗位、管理要求和绩效标准等。
- 组织协同权：与职能型组织互动，协同各职能部门中参与执行该端到端流程的成员。这些成员在执行"端到端流程"过程中应向流程主人汇报，就存在的问题与流程主人沟通协调，并尊重流程主人最终的决策。职能部门领导可参与决策过程，但最终决策权在流程主人。
- 绩效调控权：流程主人可以通过有效评估"端到端流程"执行的过程和结果，调控各职能部门参与流程执行人员的考评结果。
- 资源保障权：企业在该"端到端流程"内应充分给予该流程主人合理的资源保障，包括人员配备、信息技术和绩效奖励等。缺乏资源保障权的流程主人无法将"端到端流程"效果发挥到最佳。

3. 构建"端到端流程架构"的价值

价值点之一：理清业务运营的全过程。梳理"需求发起"至"需求关闭"的完整过程，而不仅仅是关注一些流程片段，以便让管理者了解各业务职能间是如何协同工作并最终完成一项工作的，让执行者知道如何完整地完成一项工作，直至最终的交付。

价值点之二：理清业务运营的根本目的。理清全过程，才知道最终的目的是什么。梳理端到端业务流程，就是在梳理企业究竟为什么做这些事，做这些事最终为了输出什么，以及这些输出究竟是为满足谁的需求。而基于职能分工建立的"职能流程架构"是无法真正回答这些问题的。

价值点之三：设定业务运营的合理目标。"端到端流程"是对内、对外设计"业务承诺"或者说"业务绩效"的基础，也是核算流程成本的基础，更是流程优化分析的基础。通过平衡"端到端流程"服务对象的客观要求和企业战略绩效，可以设定合理的运营目标，明确改进或优化的目标。

价值点之四：构建企业快速反应能力。"端到端流程"由"职能流程"组合而成，当有新的业务需求时，可以先充分复用"职能流程"的设计成果进行拼装，然后在此基础上再进行"职能流程"和"流程步骤"的增补或修正。这样可以大大增强管理体系的设计效率，快速响应企业的管理需求。

作业流程

"作业流程"是将一组规律性的作业活动以操作步骤、操作活动和操作要求等形式进行统一描述的标准化操作程序，用以规范和指导日常工作。

"作业流程"是对"流程步骤（业务活动）"的指导，其本身并不要求留下"管理痕迹"。EBPM 方法论强调所有留下"管理痕迹"的"业务活动"都应是一个"流程步骤"，而对于那些没有留下"管理痕迹"的，同时又希望员工知道的工作程序，应该以"作业流程"的形式纳入 EBPM 架构中。比如，机器的维修操作流程，并不要求操作一步做一记录，而是维修完成后，填一张《维修记录表》。所以，维修过程中先关电源，再开安全罩之类的工作顺序，是通过作业流程的形式展现给相关人员的。这些步骤，都不应画成职能流程的"流程步骤"。只有维修完成后<填写维修记录表>作为一个"流程步骤"画在<职能流程图>中。

"端到端流程"是企业宏观层面的流程，由"职能流程"构成，反映了企业的协同运营体系。"职能流程"是企业中观层面的流程，反映了职能分工和业务执行过程。而"作业流程"是企业微观层面的流程，是作业执行程序，是"职能流程"环节的进一步细化展开，体现了此环节的操作步骤和操作要求等，如图 3-86 所示。

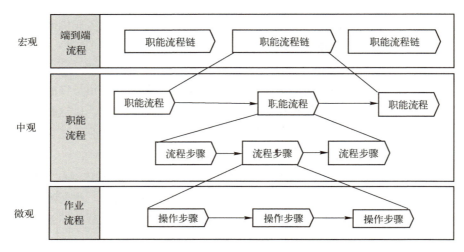

● 图 3-86　宏观、中观、微观流程

由于"作业流程"一般直接与"职能流程"匹配，而"端到端流程"由"职能流程"构成，所以，虽然纵向有宏观、中观、微观三个层次的流程，但在构建流程体系架构时，只考虑如何将"职能流程"前后关联构成"端到端流程"即可，而"作业流程"是直接挂在"职能流程"上的。因此，EBPM 方法论在论述如何构建"业务流程体系"时只强调"二维流程架构"。

"作业流程"的绘图方式没有特别要求，以讲清楚操作过程为主要诉求。

应用案例——不基于"端到端流程"进行优化，会有什么后果?

1. 案例概述

图 3-87 所示为某一咨询公司的 <电脑置换 E2E 流程>，该公司员工如果电脑老旧了想更换一台新电脑，需要通过<申请流程><采购流程><收货流程><发放流程>四个"职能流程"。这四个"职能流程"构成了"需求发起"（即员工申请置换电脑）至"需求关闭"（即员工拿到新电脑）的整个过程，即一条"端到端流程"。

每一条"职能流程"展开后就是具体的"流程步骤"。如图 3-87 所示，将<申请流程>展开，有三个末级流程步骤，分别如下。

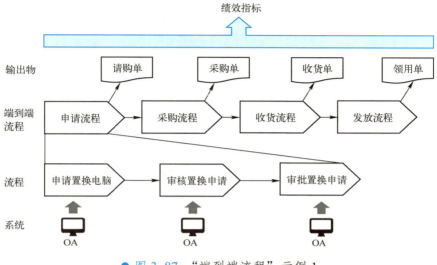

● 图 3-87 "端到端流程"示例 1

- <申请置换电脑>：由员工发起置换电脑的申请。这个步骤是在企业内部的 OA 系统中完成的。
- <审核置换申请>：此需求先发至 IT 部门，由 IT 部门确认员工现在的电脑是否已使用满 3 年，因为公司规定电脑用满 3 年才可以置换。另外，IT 部门还要明确，如果置换的话，应换成哪一款新电脑。总之，这个环节是从 IT 专业的角度进行审核。这个环节也是在公司的 OA 系统中完成的。
- <审批置换申请>：这个环节是部门主管进行审批。因为电脑旧了并不等于不能用了，是现在就换还是过一段时间再换，主要取决于部门年度 IT 设备预算的使用情况。团队主管需要从整体上评估一下，做出决定。这个环节也是在企业内部的 OA 系统中完成的。

<申请流程><采购流程><收货流程><发放流程>这四条"职能流程"都可以展开到具体的末级流程步骤。这些"职能流程"可能是在企业内部不同的 IT 系统中完成的，也可能是有人工作业的系统外环节。本案例中，<申请流程>是由 OA 系统支撑的，<采购流程><收货流程><发放流程>则是由企业的 ERP 系统支撑的，如图 3-88 所示。所以，这条"端到端流程"涉及了两套 IT 系统，那么这两套系统间就存在接口问题，如果没有开发系统接口，就意味着在这条"端到端流程"中存在"系统断点"。存在"系统断点"不等于"端到端流程"走不通，但一定存在人工传递信息的情况，即有潜在的信息传递不及时和出错的问题。

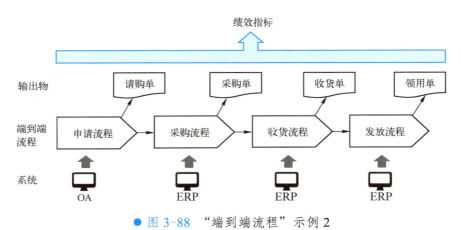

● 图 3-88　"端到端流程"示例 2

2. 案例分析

上述<电脑置换 E2E 流程>是某管理咨询公司的案例。由于咨询公司的员工一般在客户现场工作，两周才回一次办公室，而该公司规定是每隔一周的周一在公司开例会，然后再赴客户现场工作，所以此 E2E 流程设计的完成周期为两周。即员工周一回公司开例会时提出申请，两周后的周一再回到公司即可领到新电脑，当然前提是获得批准。

后来，该公司采购部更换了新的经理，新经理上任后对现有的采购流程进行了梳理并提出了一套完整的优化方案。按此套方案，IT 设备<采购流程>的周期可以从原来的 5 天缩短到 2 天，即为原来的 40%。当然，天下没有免费的午餐，实施这套优化方案需要约 1 万元的一次性成本投入。现在，公司的总经理需要决策是否实施这套方案。如果单从采购职能来看，这种优化或许是有意义的，1 万元的投入也不算大，周期缩短 60%可谓成效显著。但放到 E2E 流程来分析，如果将<采购流程>的周期从 5 天缩短到 2 天，那么整个"端到端流程"的周期是否从两周（即 10 个工作日）缩短到 7 个工作日了呢？

答案是：没有！

因为，员工还是要两周才回一次办公室，缩短的这 3 天，只是让电脑在仓库中多待几天而已。所以，这样的优化其实没有意义，如果还要投入 1 万元，那更是浪费。

因此，在进行流程优化分析时，一定要明确"端到端流程"的服务对象，并且站在"端到端流程"的视角进行分析。本案例中描述的<电脑置换 E2E 流程>其实是很简单的一个事例，企业中大部分的端到端流程，尤其是核心业务的端到端流程比本案例中的流程要复杂得多。如果企业没有清晰明确地构建"二维流程架构"，在构建了"职能流程架构"后就进行流程优化分析，不能说此时的优化方案一定是不恰当的，但很可能是盲目的，出现本案例中有局部优化但没有换来整体优化的情况也并不鲜见。

本案例中的采购部经理后来又提出了一个优化方案。既然员工两周回一次办公室，那么索性采购一些电脑备库存。比如，常备 3 台新电脑，一旦有员工申请置换，只要<申请流程>执行完成，就从仓库中直接将新电脑领走。这样当天就可以拿到新电脑了，岂不是大大优化了流程，提高了员工满意度。

如果实施该方案，那么此时的"端到端流程"已经发生了变化：一分为二了。如图 3-89 所示，左侧为<需要置换电脑–拿到电脑>，右侧为<低于安全库存–达到安全库存>。这两条"端到端流程"的触发是不同的：前者是有人提出申请，即需求触发；后者是低于安全库存，即指标触发。现在，我们再来分析一下是否有必要优化。当前的状况是员工两周拿到电脑，我们需要回答以下三个问题。

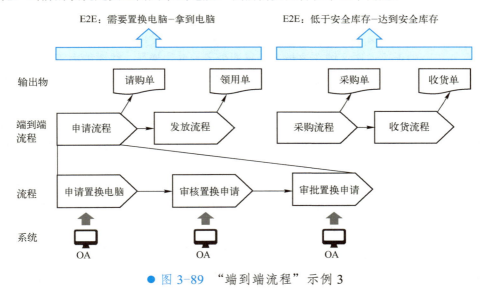

● 图 3-89 "端到端流程"示例 3

1）这种状况有谁不满意？员工？客户？还是管理者？

2）这种状况对企业的运营造成了什么问题？

3）优化需要成本吗？

对于第一个问题的回答是：没人不满意。当然，如果当天就能拿电脑，员工会更满意，但两周后拿到也没什么问题。

对于第二个问题的回答是：没有造成什么影响。因为员工置换电脑的场景是电脑还能用。如果是电脑坏了，则会先领一台旧的备用电脑，然后两周后再换新电脑。所以，这对于工作没有什么实质的影响。

对于第三个问题的回答是：备库存自然要增加成本。

得到上述三个问题的答案后，要不要实施该优化方案的结论也自然得出了。

应用案例——别急着优化，先想想流程会被及时发起吗？

什么是"端到端流程"的触发机制呢？为什么触发机制很重要呢？下述这个快递公司的案例很好地说明了这一点。

此快递公司有上万名快递员天天在外面送货。万一在接送件过程中发生交通意外，该如何处理呢？该公司制定了三条相应的"端到端流程"。

其一，根据预案马上启动<异常件处理 E2E 流程>，即安排人员马上从发生意外的快递员处取走尚未投递的快递，尽快送达客户。此流程关键是快，越快越好，以免影响客户的满意度。

其二，顾了客户，也得顾员工。所以，需要马上启动<工伤处理 E2E 流程>，即安排相关人员协助发生意外的员工处理所有医疗、工休等相关事宜，直至其康复。

其三，由于该递送区域在该员工康复期少了一名快递员，快递能力下降了，所以还应触发<人员调整 E2E 流程>，安排新的人员临时替代此快递员，以免影响接送件的能力。

上述三条"端到端流程"设计得非常细致和完整，也经过了反复的优化，看似预案很完美。但是，有一个关键性的问题没有解决，即：如何及时知道<快递员发生意外>这个事件发生了？

如果没有设计任何机制，那么只能依靠发生意外的快递员自己打电话向主管通报了，我们称之为"非受控触发机制"。如果快递员由于种种原因无法及时打电话，相应三条"端到端流程"的触发滞后半天或一天是很容易发生的事。事实上，要将这三条"端到端流程"，尤其是<异常件处理 E2E 流程>的周期缩短一点是很困难的，需要反复设计优化方案。但是，好不容易优化到缩短了半天，可能很容易就因晚触发半天而被抵消了。

所以，端到端流程的触发机制是非常重要的。而提高其被触发的可靠性和敏捷性，则需要设计受控的触发机制。所谓可靠性，就是触发事件发生了，端到端流程一定会被触发；所谓敏捷性，就是触发事件发生了，它能被迅速触发，越快越好。

该企业一开始实施了一套很先进的解决方案，即通过每个快递员身上的通信设备实时定位快递员的位置，然后通过一个大数据的计算系统，跟踪每个快递员的位置。如果在某一位置上长时间逗留，或者位置偏离了合理路线，系统马上报警，并有专人马上联系该员工。如果发现有状况，直接启动预案。但是，该方案受到了员工的质疑，感觉有侵犯隐私的可能。后来，该企业退一步，让快递员每小时发短信至一个系统平台报平安。如果没有按时收到短信，平台先自动发短信询问。如果 10 分钟后还没有回复，系统自动发出警报，由监控人员直接询问。一旦发现确实发生意外，监控人员马上启动预案。

上述主动搜索事件并触发流程的机制，EBPM 方法论称之为"受控触发机制"。受控触发机制可以大大提高端到端流程触发的可靠性和敏捷性，当然也会增加管理成本。就某一条端到端流程而言，是否需要建立受控触发机制，取决于企业管理的需要。

如果我们将端到端流程的受控触发机制比喻成企业的"神经元"，那么这些"神经元"最终将构成企业的"神经系统"，并直接影响到企业整体运营的可靠性和敏捷性。

3.3　管理体系一体化架构

"管理体系一体化"要解决的实际问题

1. "管理体系孤岛"现象（"几张皮"的问题）

如果将企业的一套管理体系比喻为"一张皮"，那么只要稍作留意，往往就会发现在很多企业中同时存在着"几张皮"，而且这"几张皮"之间还是脱节的。比如，很多企业都建立了 ISO 9001 管理体系，覆盖了人力、设备、工作环境、采购、产品开发及生产等众多环节。但 ISO 9001 并不是企业管理的全部，企业还会根据各种管理需要建立诸如企业内控管理体系、标准化管理体系和精益管理体系等。同时，为了持续提高竞争能力，企业还会不断地吸纳和应用各种新的管理理念与方法，这些理念和方法的引进一般都以项目实施的形式展开，并随着项目的结束给企业留下一套套新的管理文件，也就是所谓的一张张"皮"。曾经有一个企业的采购部门就在同一天接到来自 ISO 9001 项目组和企业内控体系项目组的两份业务流程文件，这两份文件对供应商的评估提出了完全不一样的操作要求；还有一个企业的发货部门在供应链改进项目组的要求下改变了发货流程提高了效率，但由于忘了申请修改 ISO 9001 的程序文件而在此环节上被评为不合格项。这些现象充分体现了企业内部管理体系中"几张皮"的存在及它们之间的脱节甚至是冲突的现象。

如图 3-90 所示，所谓"几张皮"，其本质就是指企业内部因为构建不同主题的管理体系而撰写的一套套管理文件。针对同一项"业务活动"的各项管理要求分散描述在不同管理文件中，有的企业也称其为"管理体系孤岛"现象，即每个体系各有一套文件，没有整合。这种情况，大大增加了员工了解、记忆和执行管理要求的难度。所以，现行的由管理文件构建的"管理体系"，其执行成本其实是很高的。管理文件数量过于庞大，内容分散在各个文件中，导致执行人员无法通读和理解所有的管理文件，又找不到自己需要关心的内容，最后只能是"忽略"管理文件。管理文件的主要作用变成事后追责，而不是事先指导。

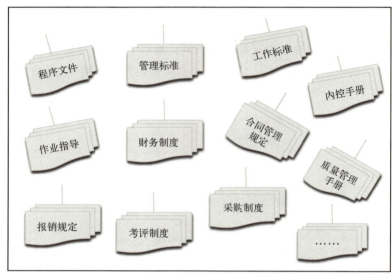

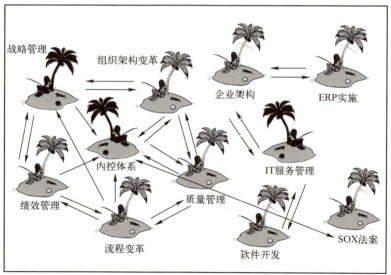

● 图 3-90　管理体系孤岛

事实上，不管企业引入并建立了多少种管理理念和管理体系，企业的业务流程都只能有一套，企业的业务人员在工作时只要严格按照这套流程中所规定的要求开展工作就可以满足所有管理体系的要求。也就是说这"几张皮"应合为"一张皮"。比如，当一个采购员在采购下单时，他不可能、也没有必要去考虑 ISO 9001 有什么要求、企业内控体系有什么要求、精益管理方面有什么要求，他应该只需要按照一套采购下单的流程操作即可，而这套采购下单的流程本身应涵盖了各种管理体系和管理理念的要求。

EBPM 方法论认为企业只有"一套"流程，即同一项工作不应该因为管理体系的不同而被描述成不同的样子。借助 EBPM 方法论中"管理体系一体化架构"的方案，企业可构建一套统一的和标准的做事方式，且满足所有管理体系的要求，为"每次都按正确的方式做事情"奠定基础。

2. 管理要求冲突和冗余的问题

企业的日常管理目前靠各种管理体系来发挥效力，构成每个管理体系的是一系列的管理文件。这些管理文件可能以"制度""标准"或"程序"等多种形式在企业内存在。其来源一般来说有两种。

一种是源于外部的，例如国家制定的一些法律法规的要求，会在企业内形成管理文件（制度、标准、程序文件等）；或者在集团式企业中，由总公司制定的规范，下发到子公司形成了子公司的管理文件。这些文件往往是强制性的，是要求被下发的公司必须遵守的。

另一种是源于内部的，例如某个部门希望规范自己的业务，加强与其他部门的合作，从而单独或共同起草一系列管理文件，再通过公司审核和会签等形式定稿，通过试行到深化等一系列工作，使得文件在公司得以遵守。

但是，由于管理文件起草的单位不同、目的不同，时间也有先后，如果管理文件所代表的管理体系不整合，就会产生具体的管理要求冲突和冗余的问题。

如图 3-91 所示，对于<申报质量监督手续>这个"流程步骤"而言。《基建项目管理规范 2021》中规定的申报对象是"中心站"，而《基建相关管理规范 2023》中规定的是"地区质量监督机构"，那么究竟是向谁申报呢？还是两者都要申报？还有，规定的发起人也不同，要求递交的材料也不同。面对这样的管理要求，执行者必然是一头雾水，不知所措的。

■ 流程：基建项目启动准备流程　➤ 步骤：申报质量监督手续

📋 《基建项目管理规范 2021》　　📋 《基建相关管理规定 2023》

➤ 申报对象：向"中心站"申报质量　➤ 申报对象：向"地区质量监督机构"
　监督手续。　　　　　　　　　　　　申报。

➤ 发起人：由项目经理负责发起申报　➤ 发起人：由项目总监负责发起申报手续。
　手续。

➤ 递交的材料包括：项目策划书、项目　➤ 递交的材料包括：项目整体方案、项目
　计划书、项目质量监督方案三份文档。　进度计划、项目组织实施方案、项目质
　　　　　　　　　　　　　　　　　　量管理方案四份文档。

● 图 3-91　制度的冲突和冗余

　　另外，管理文件中规定的内容还会存在一些不规范、不准确的说法。例如很多管理文件中经常使用"相关人员"或"相关表单"等词语。但是到底是谁，是用什么表单，都交给阅读管理文件的人去自行理解和解读了。而往往这个管理文件最后又指明"本文的解释权由 A 部门负责"，也就意味着，到底谁是"相关人员"，什么是"相关表单"，A 部门说了算。这样的管理文件，在执行时意味着执行者必须逐一去询问权威解释部门才能开始执行，但谁又会这样操作呢？最后，必然是执行者按自己的理解作业，一旦产生问题，追究责任的时候就会造成扯皮、推诿等情况出现。

　　综上所述，"管理体系孤岛"（即对同一业务活动的管理要素分散在不同的管理文件中）和"管理要求冲突和冗余"两大问题是基于管理文件构建的管理体系所遇到的挑战。管理文件如果不能脱离当前离散存在的文档形式，而与现有流程进行整合，规范其内容、提高可操作性，最终成为一个流程与多管理体系整合的稳定运行的一体化体系的话，这两个问题将成为企业管理提升的瓶颈。EBPM 方法论给出的方案是构建"结构化""一体化"的管理体系模型。

"管理体系一体化架构"构建方法概述

　　EBPM 方法论提供的"管理体系一体化架构"方案的基本操作路径有两条，如图 3-92 所示。

　　路径一：管理体系文件建模和自动生成。EBPM 方法论认为一套"管理体系"构建完毕，是指完成了一套自成一体的管理文件。比如，内控体系构建完成是指《内控手册》等一系列相应文件编辑完成了；ISO 体系构建完成是指相应的《质量手册》和《程序文件》发布了。如图 3-92 所示，在<文件视图>中构建管理文件模型只是第一步，但这一步很重要，因为模型中若用到相关的管理要素，只能从 EBPM 架构中引用，不能随意创建和修改。第二步是基于 EBPM 架构中的管理文件模型生成相应的管理文件，这样才算完成了管理体系的构建。

　　路径二：在微观层面，管理体系文件中的各项管理要求要在"职能流程"或者"流程步骤"这个要素上实现关联和一体化整合，从而实现各管理体系文件中相关管理要求的"一体化"整合。

构建路径之一：基于"文件视图"构建管理文件模型

管理体系文件的建模有四种类型。

● **上传相关文档。**这种情况主要用于一些外来的管理文件、标准和法律法规等，而且这些文件中的内容是整体与某一条"职能流程"或"流程步骤"相关，而不是某一个或几个条款与"职能流程"或"流程步骤"相关。由于是外来的，所以不可能要求外部单位进行管理文件建模。由于是整体相关而不是条款级别相关，所以这类文件只要整体上传即可，不需要拆分条款。即对于路径一来说，这种管理文件本质上不存在自动生成管理文件的问题，而是上传管理文件；对于路径二来说，这类管理文件是整体作为一个要素对象与"职能流程"或者"流程步骤"进行关联，而不需要拆分到条款。

- **条款化录入（这样可以将条款与"职能流程"或"流程步骤"进行关联）。**
这种情况主要用于一些外来的管理文件、标准和法律法规等，而且这些文件可以细化到条款级别与"职能流程"或"流程步骤"关联，即这些管理文件中的管理要求是针对某一具体的活动提出的。此时，由于是外来的，不可能要求外部单位进行管理文件的整体建模，但又要基于条款级别进行要素关联，就需要将这些管理文件拆成条款录入 EBPM 平台，构建对应的管理文件模型。对于路径一来说，这种管理文件本质上也不存在自动生成管理文件的问题，因为是先有了管理文件，再拆成条款录入的；对于路径二来说，这类管理文件可以基于条款级别与"职能流程"或者"流程步骤"进行关联。

- **基于模板录入文档（此时条款也可以分配到"流程步骤"）和自由格式录入文档（此时条款也可以分配到"流程步骤"）。**这两种情况都是对管理文件进行整体建模，前者是基于事先定义好的模板，后者是自由格式，没有模板。这两种才是真正需要自动生成管理文件的，即在 EBPM 平台之外不再撰写管理文件了，完全在设计平台上录入，然后自动生成。同时，相关的条款也可以分配给"职能流程"或"流程步骤"。

构建路径之二：基于"业务活动"整合管理体系

➢ 关联整合

针对不同类型的管理文件，需要采用不同的整合方法。

- **整体无关。**某个管理文件规定的是通用性的规则，不与具体某个"职能流程"或"流程步骤"相关。例如《公司员工日常行为规范》，这类文档应作为通用文档在指定位置发布。

- **整体相关。**某个管理文件的规定整体上与"职能流程"或"流程步骤"相关，且该文件的规定不可拆分，需统一执行。一般来说该文件规定的是一个非常重要的细小事项的所有规则。例如，一个保险公司的《核保手册》仅在核保过程中使用，但必须整体使用，不需要再拆分成条款。

- **交互相关。**某个管理文件的一部分内容与某些流程的一部分内容相关，另一部分内容与另一个流程的一部分内容相关。例如，《合同管理办法》可能与<采购合同管理流程>相关，也与<法律事务管理流程>相关。这种情况需要将其拆分成条款，然后进行关联。上一小节中用条款化录入、基于模板录入和自由格式录入三种方式构建的模型，均是针对交互相关的情况提供的建模方法。

针对这些相关关系，采用如下整合方法。

- 对于"整体无关"的管理文件，不需要与流程进行整合，但要作为每一个员工的日常管理要求下发。
- 对于"整体相关"的管理文件，将整个文件作为一个整体关联到"职能流程"或"流程步骤"中。
- 对于"交互相关"的管理文件，将其条款与"职能流程"或"流程步骤"进行关联。

➤ 优化分析

对管理文件的优化分析就是通过按流程节点逐个分析所对应的"规则"，比较"规则"之间的冲突性和重复性，协调冲突、减少重复，从而达到精减管理文件的数量与内容的目的。

比如同一环节如果出现多个条款，则应对条款进行比对解读，查看是否存在重复、冲突和模糊等问题；某一流程如果没有匹配任何条款，则应考虑是否存在管理要求缺失的情况；某一环节与条款明显冲突，则应考虑是否存在实际执行与管理规定间有矛盾的问题。

经过这样的分析解读，归纳得出现行管理文件可能存在以下五类问题。

- 规定缺失：一个流程没有找到与之匹配的规定。
- 规定模糊：流程业务关键环节没有对应条款或对应条款定义模糊。
- 规定分散：多个文件内对同一流程（步骤）的规定内容不同但不矛盾。
- 规定冲突：多个文件内对同一流程（步骤）提出管理要求且提出的要求相互矛盾。
- 规定与执行有出入：实际业务执行与规定不一致。

对分析解读出的问题进行汇总后，再将其按不同的"职能"进行分类，形成管理文件问题改进的任务清单，进行统一的文件优化。

应用案例——这么多管理文档，叫我如何记得住你？

如图 3-93 所示，某企业从不同管理角度切入，引入并构建了多套管理体系，并希望借助这些管理体系，有效提升企业的管理水平。而员工们将这些管理体系从 1 排到 10 以便于记忆。但事实上，连名称都要靠顺口溜来帮助记忆，每套体系名称背后那一堆堆文档里的内容，又有谁能记得住呢？更严重的是，该企业的管理体系还远不止 1～10 这些。比如，还有卓越绩效、精益化管理、HSE、风险控制体系，等等。

1. 16949/14000/18000 体系	6. 六西格玛
2. ISO 20000/27001体系	7. 七C 管理
3. 360度绩效考核体系	8. 八 D 管理
4. 四全管理	9. ISO 9000 体系
5. 5S管理/第五项修炼	10. 十项原则

● 图 3-93　十大管理体系

　　而企业的管理者觉得现有的管理体系已经很完备了，关键是在执行，在落实。于是，他提出一句口号"力争第一次就把事情做对，力争每次都按正确的方式做事！"英文为"Do things right, do right things"。

　　一次，他亲自跑到备件仓库进行调查，问一位仓库管理员是如何进行备品备件的出入库操作的，仓库管理员随口就说出个一二三来。但是，当管理者继续追问，"你是否确定这样做一定满足了企业的各种管理要求，包括 ISO 9001、精益化管理、风险控制以及公司所有相关的标准文件和规章制度？"仓库管理员一听就傻眼了。不过，仓库管理员的回答也很实在。他说："我不可能做每一件事前都去查看那么多的文档，就是看了也未必看得懂，看懂了也不一定记得住。我就是按我的理解执行，做错了自然有人会说我，没人说我做错了，就说明我做的是对的。"他还给这种工作方法起了个名字，叫"试错法"。一方面是管理者要求"第一次就把事情做对"，另一方面是员工通过"试错法"来确认做事的方法是否正确，真可以说是南辕北辙。

　　基于这种情况，管理者产生了一个想法，能否给每位员工量身定制"几张纸"，上面写着其所负责的所有工作，以及此工作需要遵循的所有管理要求，而不再让员工去翻看一本本的管理文档？后来，他找到写这"几张纸"的方法，即构建"结构化"和"一体化"的管理体系模型，然后基于这套模型自动生成这"几张纸"，即EBPM 方法论中提到的一体化的《岗位手册》。

第 4 章

核心理论之二:
全生命周期管理理论

4.1　管起来：按正确的方式做事

　　EBPM 方法论两大核心理论之一的"全生命周期管理理论"与其他类似理论的最大区别在于"管理体系模型"，即 EBPM 方法论强调在管理体系的整个生命周期管理中都要基于"管理体系模型"展开，如图 4-1 所示。在第 3 章中，我们详细介绍了"理清楚"阶段，即梳理和设计阶段采用的方法和工具。在第 4 章，我们将重点介绍"管起来"阶段（即执行阶段和治理阶段），以及"持续优化"阶段（即优化阶段）的方法和工具。

●　图 4-1　全生命周期管理理论

一体化发布和文档生成

1. 基于模型的一体化发布

　　所谓"一体化发布"即 EBPM 平台基于内置的算法逻辑，从构建完成的 EBPM 架构模型中自动抽取所有相关的管理信息，并精准推送给特定的对象。

　　"自动抽取，精准推送"是一体化发布的特点所在。推送的对象可细化到用户和岗位，也可以基于科室、部门等各级组织单元进行抽取和推送。所谓"抽取和推送"就是在一套统一的模型基础上，遵循一定的算法逻辑，自动按用户、岗位、角色、科室及部门等对象抽取所有相关的管理要素，并进行整理和汇总之后，推送给这些特定的对象。

　　如果企业的管理体系是用一本本的管理文件构建的，那么要实现上述一体化的发布，几乎是不可能的事。

2. 基于模型生成一体化的文档

EBPM 平台可以基于构建的<管理体系模型>自动生成各类管理文档，让企业从此告别管理文档靠人工撰写的历史，极大提高管理的效率和质量，如图 4-2 所示。

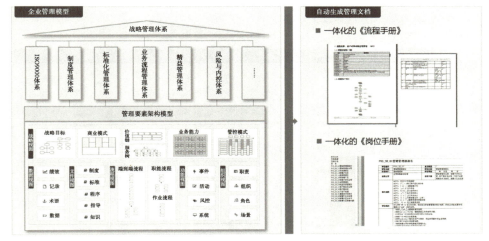

● 图 4-2　基于模型生成一体化的文档

除了在 3.3 节对构建路径一的描述中提到的，基于整体录入的文档模型生成对应的管理文档之外，所谓一体化的文档生成，还包括以下没有录入过的，完全是基于模型自动生成的管理文档。

基于 EBPM 架构模型，EPBM 平台可以导出 Word 格式的一体化《流程手册》。这份手册不需要进行任何录入，而是基于模型完全自动生成。可以按不同的职能流程类别生成，也可以按不同的端到端流程生成，也可以基于每一条不同的职能流程生成不同的《流程手册》。《流程手册》中包含流程的编号、流程的名称、详细的流程图，以及流程和流程步骤相关的所有管理要素的信息。其中，流程步骤相关的所有管理要素是所谓"一体化"《流程手册》的最大特点。执行人员只要阅读一份《流程手册》就可以了解所有相关的信息和要求。

基于 EBPM 架构模型，EBPM 平台还可以导出 Word 格式的一体化《岗位手册》。这份手册也不需要进行任何录入，而是基于模型完全自动生成。所谓一体化《岗位手册》，就是按每一个不同的岗位生成的管理文档。《岗位手册》中除了描述一个岗位的名称、职责、所属部门和汇报关系等基本信息之外，还包括一个岗位所涉及的所有流程、流程图、流程步骤、制度条款、绩效及表单等相关管理要素信息。生成《岗位手册》的最主要价值就是让员工通过阅读一份《岗位手册》就可以全面了解其职责、负责的工作及其他所有相关的管理要求。

应用案例——一体化发布平台

图 4-3 所示为某企业将所构建的"一体化""结构化"的 EBPM 架构模型发布后的界面。

● 图 4-3　一体化发布界面（岗位视图）

所谓"一体化"发布，是指系统基于内置的算法规则，自动从 EBPM 架构模型中抽取信息，并将其精准推送给特定用户。图 4-3 中的用户有两个岗位，一个是<ABC 公司设备部经理>，另一个是<ABC 公司设备部备件管理员>。右侧主界面显示了与这两个岗位相关的<职责>、<流程>、<表单>（管理记录）、<绩效>、<制度>、<术语>、<系统>、<风险>和<标准>等全部管理要素。管理要素面板右侧的数字表示与此用户相关的要素有多少。这些都是该用户必须了解和执行的管理要素，是从整个 EBPM 架构模型中按一定的算法规则自动抽取出来的。

图 4-4 所示界面仅显示<ABC 公司设备部备件管理员>这个岗位的相关信息。当前登录员工的本职岗位是<ABC 公司设备部经理>，但其部门内的某一位<ABC 公司设备部备件管理员>发生工伤，将休息一个月，此经理决定不再临时招人，而是自己顶替一个月，以节约成本。那么，作为<ABC 公司设备部备件管理员>总共有哪些职责，每天要做些什么事呢？只要在 EBPM 架构模型中将此员工与<ABC 公司设备部备件管理员>关联一下，他就能马上收到<ABC 公司设备部备件管理员>的所有相关工作内容和工作要求。

● 图 4-4　仅显示一个岗位的相关信息

　　一体化发布平台上，不同的界面会显示不同管理要素的详细信息。图 4-5 所示为 <ABC 公司设备部备件管理员>参与执行的所有"职能流程"和"流程步骤"，其中"流程步骤"仅显示其需要执行的那一步。单击右侧的"流程"链接，会显示图 4-6 所示的流程图展示界面，并自动定位到本岗位的员工应执行的那个"流程步骤"。同时，右侧"流程步骤详情"面板中会显示所有相关的管理要素，如<提交备品备件报废申请>这个"流程步骤"相关的<输入表单><输出表单><相关管理制度><相关管理标准><国标/行标>等。而且，如果有匹配的条款，系统还会自动定位到规则条款，如《备品备件调剂、报废管理制度》中的 ABC.GLZD.[2013] 88 号-03 条款。

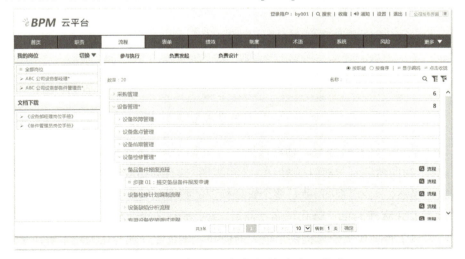

● 图 4-5　仅显示岗位相关的流程信息

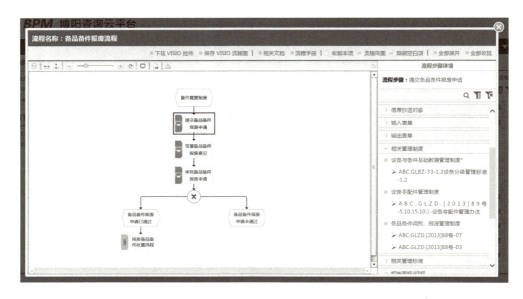

● 图 4-6　流程详情查看界面

单击图 4-6 所示界面右侧的"备品备件调剂、报废管理制度"→"ABC.GLZD.
[2013] 88 号-03"链接可以打开图 4-7 所示的界面，其中显示了条款的具体内容。

● 图 4-7　制度条款查看界面

除了基于<我的岗位>自动抽取数据，精准推送给相关人员外，如图 4-8 所示，
还可以按<我的角色>、<部门视图>和<公司视图>来自动抽取数据，并精准推送给相
关对象。当然，<公司视图>就是整个管理模型的数据。

启用 EBPM 平台的一体化发布功能后，大大提高了企业员工对管理要求的了解
程度，为员工查询相关信息提供了很大的便利。该企业管理者认为基本解决了让员
工知道"什么是正确的做事方式"的问题。

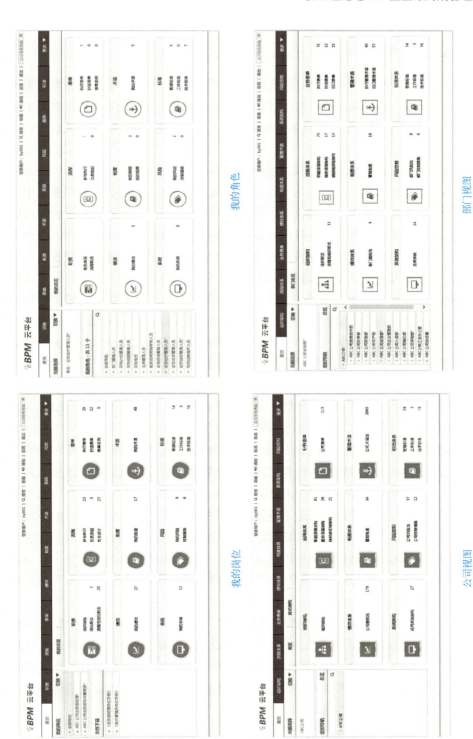

● 图 4-8　四类视图界面概览

模型至执行（M2E）

在 3.3 节第一小节中，提到了企业内部通过管理文件构建多套管理体系时带来的所谓"几张皮"的问题。同时也介绍了如何通过 EBPM 方法论构建"管理体系一体化架构"。那么，构建了一体化的管理体系架构后，"几张皮"就能保证合为"一张皮"了吗？

在设计层面是的，但在落地执行层面，则不一定！

一体化的管理体系架构只是从设计层面实现了管理体系的整合，而在企业中可能还存在着两张"大皮"之间的脱节。这就是所设计的管理体系与实际被执行的管理体系之间的脱节。简而言之，就是业务人员不按所规定的流程进行工作。要避免这两张皮之间的脱节，一般来说只有两种解决方案。其一是建立业务流程合规审核制度；其二是通过管理信息化来固化业务流程。第一种方法需要人来执行，可以在统一的业务流程管理平台上设计<流程合规审核流程>，以一定频率和周期不断地对流程中关键的节点进行合规检查，并出具《流程合规审核报告》。这种做法有点类似于 ISO 9001 中所规定的内审制度。第二种方法是用信息化的管理系统来固化流程，这种方式还可以提升流程的效率甚至带来流程的创新。

但对于管理信息化来说，有一点必须看到，信息化系统不是万能的，所以真正在系统中跑的流程往往是企业流程的一部分而不是全部。所以在进行诸如 ERP 项目的实施中经常可以听到"这个业务是否要进系统"这样的问题。另外，对于企业的一个"端到端流程"来说，可能会用到 ERP、CRM、OA 等各种信息化管理系统。所以，在通过信息化技术实施流程固化时，如果做得不好可能反而直接造成"两张皮"，即所设计的流程与信息化系统中跑的流程不一致。造成这种现象的原因其实也很简单，即实施信息化时虽然理论上是按所设计的业务流程蓝图进行系统的开发或配置的，但由于在设计平台上所设计的流程不能直接导入可用的系统，因此在进行系统建设时，如需修改流程，项目组成员往往会直接在系统中修改，而忘了到设计平台上进行修正。久而久之，系统内的流程就没有人能讲清楚了，"两张皮"随之产生了。

设计蓝图与执行系统之间"两张皮"的现象，普遍存在于各种信息系统建设中。"两张皮"给企业在信息系统应用效果上带来的最大问题是：系统内实际跑的流程是什么成了"黑箱"。大部分企业都会有这样进退两难的感觉，系统能够使用但又不那么好用，继续扩展难度越来越大，流程大多在系统内，但谁也不能完全讲清楚，去查看设计稿，设计稿又与实际的系统不一致。

1. 以 BPMN 模型为桥梁实现对接

针对上述问题，业界都在努力研发解决方案。图 4-9 所示的过程是现在较为主流的思路，即将设计平台中的流程模型转化成标准的 BPMN 模型，然后将此 BPMN 模型推送到信息化执行平台中，从而实现设计平台与信息化执行平台之间的对接。

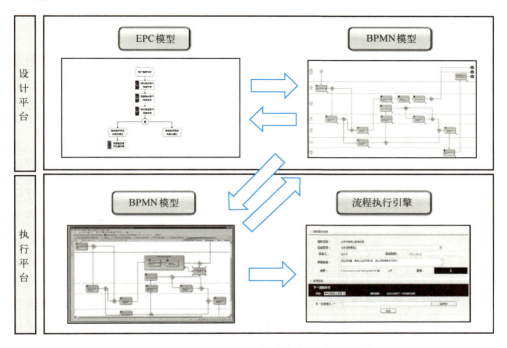

● 图 4-9　以 BPMN 模型为桥梁实现对接

这种解决方案现在还不是很令人满意，问题主要有以下几点。

1）模型转换次数较多，操作复杂。而且，要制定一套建模规范使得转换的 BPMN 模型可以适用于所有流程引擎，这从逻辑上是可行的，因为 BPMN 是一种通用的规范，但在实际操作中却很困难。

2）设计平台中的流程模型（EBPM 方法论采用 EPC 模型）转换成 BPMN 模型时，一些信息不能完整转化。同时，BPMN 模型需要的一些信息，在 EPC 模型中没有提供。

3）执行平台收到设计平台推送过来的 BPMN 模型后，还需要进行修改，增加一些信息。修改完成后，还要反向同步，比对一致性。这就更为复杂了。

4）流程执行引擎是否严格按照执行平台中的模型运行，不同的执行平台其严格性也不尽相同。说得通俗一点，即有的执行平台中的流程引擎也不能完全按照执行平台上的流程模型跑流程，还要通过一些其他的设置，最终导致系统跑的流程与执行平台上的流程模型也不一定完全一致。

综上所述，以 BPMN 模型为桥梁实现设计平台和执行平台模型对接，确保执行平台上跑得流程与设计平台中设计的流程一致的技术方案还在不断研发中。

2. 增强流程引擎，直接从模型取数

以 BPMN 模型为桥梁实现设计平台和执行平台模型对接的方法是 EBPM 方法论推荐的一种技术方案。但是，EBPM 方法论还提出了一种创新的方法，即放弃 BPMN 这个中间介质，通过增强流程引擎，直接读取设计平台中流程模型的数据跑流程。

做到这一点，有两个关键点。

其一，丰富设计平台中流程模型的信息。有些信息在梳理流程时经常被忽略，但在执行时又是必须明确的。比如，一条"职能流程"在发起时是否可以发起"子流程"就是经常需要补充的信息。所谓"子流程"就是同时发起多个流程实例。

如图 4-10 所示，一条<风险事件收集 E2E 流程>由两条"职能流程"构成，它们分别是<风险事件报送流程>和<汇总发布风险事件信息>。而<风险事件报送流程>是按部门发起的"子流程"。在流程实例中，每次都是同时发起 10 条流程给公司 10 个部门的相关人员，这 10 条流程实例各自都需要经过三个步骤，然后才完成提交。也就是说，<风险事件报送流程>中的<收集风险事件信息>等流程步骤会发起 10 个任务，由 10 个部门的 10 位人员分别完成。而第二条职能流程<汇总发布风险事件信息>则每次只发起一个流程实例，即<汇总发布风险事件信息>中的<整理汇总风险事件信息>等"流程步骤"只会有一个任务，由一个人完成一次即可。一条"职能流程"究竟是"子流程"（可以同时发起多个）还是只能是"单流程"（一次只能发起一个），这是一个很重要的特性，如果没有明确，流程引擎在执行实际流程时就会有问题。而在传统的流程梳理或设计工作中，管理人员都会认为这是属于 IT 信息，所以不录入这些流程特性。其实，最终这些信息都还是必须由业务人员来决定的，IT 开发人员最多也是再次进行调研，将这些信息补足而已。

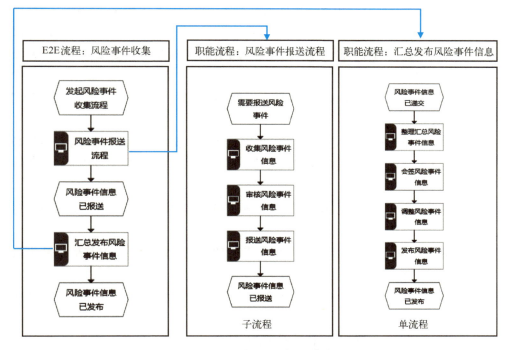

● 图 4-10　"子流程"与"单流程"

总之，EBPM 方法论整理了一套需要补充的流程特性信息，在流程梳理和设计阶段，要求将这些信息填写完整。

其二，增强传统的流程引擎，使其可以直接从正式发布的流程模型中读取相关信息，然后，直接触发流程引擎跑流程。

需要特别指出的是，EBPM 方法论独特的模型至执行（M2E）方案，主要是解决在执行平台中跑的实际流程与设计平台中设计的流程模型不一致的问题，即解决所谓"两张皮"的问题。这里的一致性，是指流程路径的一致性，即流程设计有 5 个步骤，跑起来也是 5 个，不会变成 4 个，也不会变成 6 个；流程分叉路径最多有 2 条，跑起来也是最多有 2 条，不会变成 3 条；设计模型中规定是某角色执行该流程步骤，执行平台中跑的流程步骤也是由此角色完成，不会变成别的角色，同时，角色对应的岗位和用户也是同一套，不会不一致。上述种种，是所谓的流程一致性。

EBPM 方法论的 M2E 方案并不能解决功能一致性的问题。比如，某一个"流程步骤"是<核算员工奖金>，EBPM 方法论的 M2E 方案只能确保这一"流程步骤"确实发生了，而且是由该完成的人完成的。但是，奖金核算是否准确，是否与设计的算法一致，本方案是无法保证这一点的。这是属于功能一致性，而非流程一致性的问题。当然，以 BPMN 模型为桥梁的解决思路，也是只能解决流程一致性的问题。

EBPM 方法论"通过增强流程引擎，直接读取设计平台中流程模型信息跑流程"的方案有以下四个特点。

- 解决了流程梳理和设计与流程落地之间"两张皮"的问题，流程运行引擎必须从流程模型直接读取关键性信息，从而确保落地的流程与设计流程之间的高度一致性。
- 在流程执行环节可以直接查看所有相关的管理要求，将一体化的管理要求直接推送到执行界面。
- 实现端到端流程全过程所有流程节点的信息化。如果没有其他信息化系统的支撑，可以仅是完成状态的人工确认或者上传输出文档；如果有其他 IT 系统的支撑，则可以通过维护相关链接，直接跳转到相关界面进行操作。
- 没有复杂的技术环节，整体方案比较简洁，易于实施。

应用案例——建完模型就能跑流程

EBPM 方法论中"通过增强流程引擎，直接读取设计平台中流程模型信息跑流程"的方案已经在国内某超大型能源企业得到应用。应用的范围是该企业的风险管理相关流程。

本应用案例中，在 EBPM 设计平台上构建了完整的风险管理流程模型和一体化的风险管理体系，然后通过增强后的 EBPM 流程引擎直接读取模型信息，启动并运行流程。这样，100%确保了系统中运行的流程路径与设计模型路径的一致性。设计平台中构建的"端到端流程"模型纵向跨越了集团总部、地区公司和下属单位三级，可以实现跨组织层级和单位运行"端到端流程"。

图 4-11 所示为流程执行系统的一个界面示例。界面上的部分重要信息是直接从流程模型中读取的，从而可以驱动流程往下运转。取自流程模型的信息主要有以下几项。

- **输出文档**：从模型中读取输出文档，可以在流程步骤界面直接显示相关文档的名称、格式。本步骤执行人员应完成相关文档并上传。系统自动检查文档的格式是否正确，但文档内容本身不会进行确认。如果模型中的文档改了，这里的文档名称、格式要求就会同步修改。而且，如果没有按要求上传文档，本流程步骤将不允许通过。

● 图 4-11　流程执行界面示例

● **下一流程步骤**：从模型中直接读取本步骤的下一流程步骤，如果有多种路径的可能，本步骤执行人员可以根据相关条件直接进行选择，即执行人员可以选择不同的下一步骤。同时，模型一修改，实际运行的流程就会自动修改。

● **计划完成时间**：从模型中直接读取相关特性的信息，即模型中修改了，这里就会直接修改。

● **执行人员、抄送对象**：基于模型中的角色，从系统后台配置中直接读取相关用户名。即如果修改了模型中的角色，流程执行人员会自动改为新角色对应的用户。

● **相关管理要素**：图 4-12 所示"任务信息"页右侧可以看到当前步骤所有相关的管理要素，与一体化发布界面显示的内容是一致的，因为它们来源于同一套 EBPM 架构模型。即在执行具体流程步骤时，可以直接查看所有相关的管理要求和管理要素信息，充分体现了"一体化"模型的价值。

● 图 4-12　流程执行界面（"任务信息"页）

流程治理体系

　　企业的管理体系不是一个静态的概念，而是一个需要不断适应企业的发展和内外部环境变化而进行调整的动态体系。

　　流程治理体系的本质是基于业务流程这个纽带将整个结构化、一体化、精益化的管理体系"管起来"，并随着企业的发展和内外部环境的变化，不断地进行优化和调整。

　　EBPM 方法论中"流程治理体系"的具体含义是：对已构建完成的<EBPM 企业管理体系架构模型>进行维护和管理的相关流程、制度、组织和工具。通俗地说，就是"管理体系增、删、改的管理体系"。

1. 基于模型的治理体系

　　EBPM 方法论的所有环节都是基于模型展开的，治理体系也不例外。基于模型与不基于模型表面上的最大区别在于维护的对象不同，前者是维护一套统一的模型，有变化则修改模型；后者一般来说是维护一套套的管理文件，有变化则修改文件。而两者本质的区别就大了，前者是已经迈入数字化和模型化的管理，而后者还处于文本化的管理阶段。因此，两者在实际管控效果上，存在如下的差异点。

➤ 效率和精准度不同

举例来说，如果我们修改了一个"管理记录"（如《备品备件入库单》）的格式，并修正了相关的<操作指导>，基于模型的治理体系就可以实现由信息化系统自动找到需要使用此表单的人员，然后精准地将修正的信息推送给他们，并告之哪张表格的样式和填写要求改了，提醒其按新的要求处理。但是，如果不是基于模型的治理体系，那么就需要人工处理了，即使是使用信息化的 OA 系统发出通知时发给谁这一点，也是需要管理人员自行从一本本管理文件中去查找和汇总的。当然，实际情况下，很少会有人真正这样处理，最常见的做法是就凭经验发给管理者认为会用到的人。所以，基于模型和不基于模型的治理体系，在效率和精准度上有着本质的区别。

➤ 管控的协同程度不同

基于模型运行治理体系时，管控的程度是落实到要素级别的。比如，一个表格要进行修改，模型马上会显示它涉及哪些"流程步骤"。所以，可以根据治理体系设定好的规则，不但将审核的任务发送给表单设计的责任人，同时还要发送给使用此表单的相关流程的责任人，请所有相关人员共同确认。这样，可以有效避免因为某条流程的需要修改了某个要素，结果因为这个要素在别的流程中也被用到，所以修改影响其他流程运行的情况。事实上，基于模型是构建了一套信息化的协同工作机制，相关责任人可以基于此模型开展协同治理。这是基于文本化的管理手段很难企及的。

2. 治理体系包含的主要内容

➤ 管理目标（为什么管）

● 通过模型来显性化企业的业务流程和管理体系，使得管理方法、业务经验和知识得以沉淀并被有效继承。

● 以业务流程为纽带，融合企业各种制度和管理体系，建立整体性的企业管理体系模型，从而达到将管理要求精准地传递给业务执行者的目标，提高企业的执行力。

● 通过模型，实现企业管理体系的规范化、精细化和标准化管理，提高管理的效率和到位程度。

● 通过建立企业管理体系的整体模型，实现整体性的优化，提高企业运营的整体效率和质量。

● 支持企业各类 IT 系统的建设，提供一体化的平台和规范。

● 支持企业各类管理体系的建设，提供一体化的平台和规范。

➢ 管理对象（管什么）

● 管模型：对企业管理体系模型的增、删、改进行管理，确保模型的准确性，模型信息发布的及时性。

● 管流程：设计和维护管理体系模型的增、删、改流程；负责相关流程的发起、监控和优化。

● 管制度：制定和维护管理体系模型的增、删、改相关的规章制度；负责相关规章制度的优化。

● 管整合：对于企业内部的 IT 系统建设和各类管理体系的建设，基于统一的平台和规范实现一体化的整合。

● 管评估：对于管理体系模型的整体运行状况进行审核和评估。这里的评估和审核，主要是指人工的评估和审核，类似于质量体系的内审。

● 管项目：基于评估结果，对管理体系的整体优化设立专项优化项目，并对项目的开展进行管理。

● 管工具：对体系建模的信息化平台进行设计规范、使用权限和相关分析报表的管理。

➢ 组织架构（谁来管）

图 4-13 所示为某企业流程治理组织架构的示例。在公司层面设立流程管理委员会，并指定一位流程管理总负责人。承担流程管理职责的部门一般是：信息技术部、企业管理部、人事管理部等。

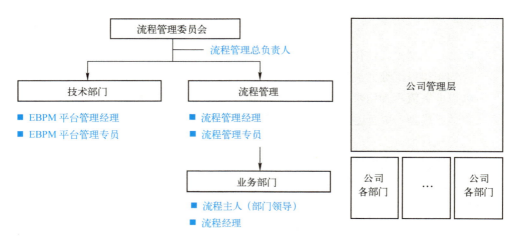

● 图 4-13　治理体系组织架构示例

- 流程管理委员会：企业流程管理最高决策部门，是集合企业内部管理部门和业务部门领导的虚拟组织，工作模式以定期流程管理工作会议或 OA 会签方式进行。至少两个负责人参加。
- 流程管理总负责人：流程管理委员会的日常工作负责人，主持流程管理会议、负责优化项目选定等。
- 流程管理经理：负责流程管理业务及与其他部门的工作协调；负责管理模型设计规范、流程架构设计及调整；保证企业整体架构的一致性和先进性；落实企业流程管理的建设、推广、优化与运维工作；落实主管领导对流程管理工作的要求，统筹流程优化的立项和监管工作。
- 流程管理专员：协助流程管理经理完成相关职责。
- EBPM 平台管理经理：负责信息化工具平台的日常运维工作，包括权限配置、功能配置、流程发布及文档生成和管理等。
- EBPM 平台管理专员：协助 EBPM 平台管理经理完成相关职责。
- 流程主人（部门领导）：负责本职能业务流程的设计和优化；负责流程执行过程中的协调工作；对流程执行结果的 KPI 负责。
- 流程经理：负责本职能业务流程建模及与内外部的沟通与协调；协助流程主人完成相关职责。

➢ 制度流程（怎么管）

流程治理体系的流程，一般至少包括以下部分。

- 管理体系设计规范调整管理流程。
- 一级职能流程目录调整管理流程。
- 职能流程目录及清单调整管理流程。
- 流程及管理要素新增、修订和废止流程。
- 端到端架构调整管理流程。
- 端到端流程调整管理流程。
- 管理体系发布流程。
- 工具平台用户权限设置及调整流程。
- 流程优化项目立项管理流程。

配合上述流程，制定配套的制度和工作指导，从而构成一套治理体系的制度和流程。

➢ 工具平台（用什么管）

企业应构建一个可以进行管理体系建模的信息化平台，在此平台上可以进行管

理体系的设计、发布、执行、治理和优化。

流程监控体系

1. 流程审核监控机制

这是一套人工的审核和评估机制，类似于 ISO 9001 质量管理体系中的内审机制。即设定一套对现有流程的运行情况进行审核和评估的机制，包括相应的流程、制度、方法和频率，以及参与的人员。虽然信息化技术在企业管理中已经被广泛应用，但是人直接介入的审核和评估也还是有存在的必要的。人工的审核和评估机制一般有两种方式。

- 跟单测试：基于一条端到端流程，从第一个环节开始，跟着这条流程一步步往前走，每一步都进行记录、审核和评估。跟单测试主要用来检测一条设计好的端到端流程在实际工作环境中，是否真的"跑得通，转得动"。
- 流程审计：这是事后的审核。即基于"管理痕迹"从端到端流程的第一个环节开始，完整地进行痕迹审核、比对和评估，主要检查合规性。

2. 流程还原监控机制

"流程还原"就是基于企业 IT 系统内的运行数据，自动还原系统内运行的流程。由于只是还原流程路径，所以需要的数据并不复杂，主要包括以下六项。

- request_id：流程实例编号。
- name：流程步骤名称。
- start_time：流程步骤开始时间。
- end_time：流程步骤结束时间。
- resource：组织或岗位相关字段。
- others：其他字段（非必须）。

流程还原技术经过多年发展，已逐渐成为数据科学与流程科学间的桥梁。EBPM 方法论在学术成果的基础上，结合实际应用，研究出了图 4-14 所示的流程可视化方法、流程比对方法和流程量化评价方法。

　➢ 流程可视化方法

流程可视化，即应用先进的可视化技术，将业务信息系统中实际运行的业务数据还原为清晰直观的模型图，如图 4-15 所示，主要包括分析 BPMN 流程模型、和弦图（Chord Diagram）和甘特图等。

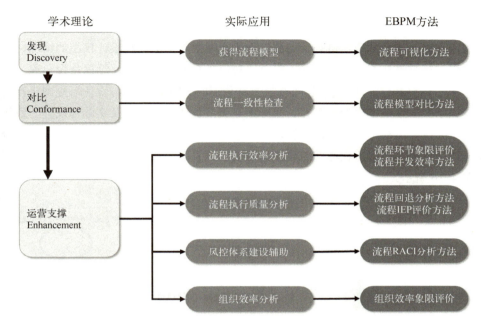

● 图 4-14　EBPM 流程还原方法集合

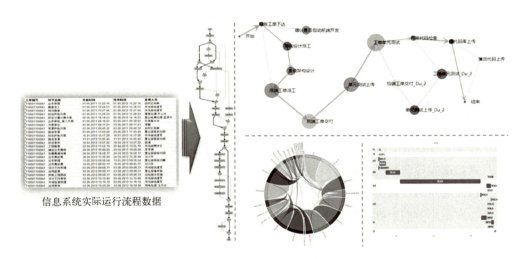

● 图 4-15　流程可视化示意图

　　此外，通过分析各种模型，可以发现流程瓶颈点、流程主路径等信息，将业务问题可视化，为深入分析业务执行情况奠定基础。

　　➤ 流程比对方法

　　目前企业在用的各种专业信息系统，由于建设运转时间较长且功能更新不及

时，不排除实际运行系统流程与设计流程不一致的情况；也不排除开发人员在固化
业务流程时，对技术流程进行了调整、但未及时更新业务流程设计模型的情况，导
致流程执行与设计不一致。因此，需要比对信息系统流程与设计流程是否一致。

应用流程对比方法，将流程可视化方法获得的 BPMN 模型与设计流程图进行对
比，识别实际存在但设计不存在、实际不存在但设计存在，以及实际与设计一致等
情况，并进行可视化标注。流程管理部门和业务责任部门可以根据差异情况，结合
流程执行效率实现对流程环节的设置、对逻辑关系等的调整优化等。模型比对示例
如图 4-16 所示。

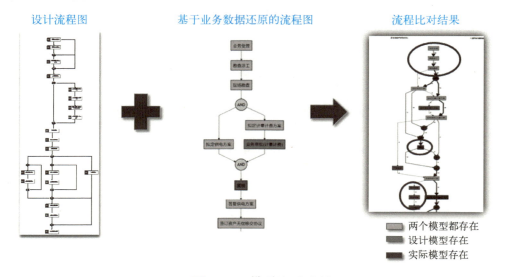

● 图 4-16　模型比对示例

在 4.1 节模型至执行（M2E）的讲解中介绍了 EBPM 方法论"通过增强流程引
擎，直接读取设计平台中流程模型信息跑流程"的方案。这个方案可以有效解决流
程一致性的问题，前提是要完善流程模型的信息，并且对传统的流程引擎进行增强
开发。而本小节的流程还原技术，是另一种解决流程一致性问题的方法。这种方法
是事后处理的，即在执行平台中的流程已经运行完毕后，将其还原出来并与设计模
型进行比对，以发现差异。所以，这种技术并不能保证设计流程和执行流程的一致
性，而是能辅助解决此类问题。

图 4-16 中右侧所示的流程比对结果。其中，浅色表示两者一致；深色部分表
示执行流程中有此步骤，而设计模型中没有；中间色部分表示设计模型中有此步骤，
而执行流程中却没有。结合这些差异点，可以进行进一步的分析。

➤ 流程量化评价方法

关于利用流程还原技术进行流程量化分析的方法，请查看 4.2 节中对流程绩效优化分析法的介绍。

应用案例——某跨国集团治理体系的组织架构

图 4-17 所示为某跨国集团公司流程治理体系的示例。其"IT 部门"职能由一个所谓的"总部共享服务中心"来承担，这个共享中心中有一个团队是"IT 服务共享团队"，负责全球 IT 系统的建设和维护工作。也就是说，其管理体系建模是在全球服务中心提供的统一设计平台上构建的。从地理位置上来说是在同一个地方向全球提供服务。

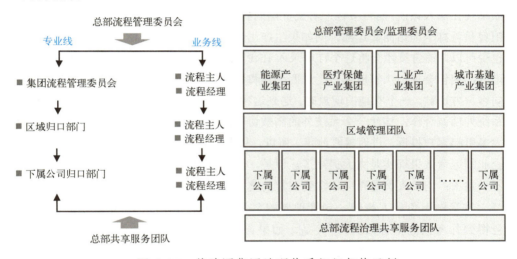

● 图 4-17　某跨国集团治理体系组织架构示例

该公司的企业管理体系模型采用集中建模的方式，在各产业集团总部建立了一个专职的"建模专员团队"，并且建立了一个庞大的企业标准模型库，即所谓的"参考模型库"。从细分的设计平台来说，每一个产业集团有一套独立的设计平台，在此平台上构建整个集团从总部到区域到下属公司的完整的企业管理体系模型。

由于公司规模非常庞大，其"流程管理委员会"也是在每一个集团层面设立，因此四个集团有四个委员会。也就是说，相当于建立了四套"流程管理部"和"业务部门"职能线，但是，IT 职能只有一个团队，而不是相应的有四个团队。

应用案例——实现全流程信息化后的新问题

企业在完成信息管理系统的建设后，其核心的端到端流程<订单至发货端到端流程>实现了信息化系统的全覆盖，所有数据都在系统中流转，所有流程环节都在系统中完成。而且，该企业还引入了基于流程的考核机制，除了基本奖金外，所有参与<订单至发货端到端流程>的员工还有一份流程奖金，这份奖金与此流程的绩效直接挂钩。每个月，只有此流程的绩效达标了，大家才能按比例拿到对应的奖金，其目的就是要求大家协力达成确保客户满意度的一个重要目标，这个目标就是：及时发货率达到 95% 以上。

新的系统和新的机制运行一段时间后，似乎是达成了预期目标，每个月及时发货率都达到了 95% 以上。但是，该企业的管理者在拜访客户时，得到的反馈信息好像并没有那么好。心生疑虑的管理者开始组织人员进行深入调查，调查结果是这样的：销售在拿到客户订单后，并不直接录入 ERP 系统，而是先打个电话问生产部，如果现在录入系统，能否按客户对交货期的要求及时生产出来？如果生产部说可以，销售员再打个电话问储运部，问如果生产出来，是否能保证及时发货？如果储运部也说可以，销售员才会将这个订单录入 ERP 系统。如果生产部、储运部的答复是不可以，销售会先口头答应客户，过两天再将订单录入系统，事后再就晚交货的问题向客户方道歉。一个有趣的现象时，遇到这种情况时，产、销、运三个部门会在 ERP 系统外精诚合作，构建一个系统外的高效协作流程，以尽可能早地交货，以免延期太多引起客户投诉，进而暴露此事。所以，从本质上来说，上了信息化管理系统后，企业的运营效果确实是大大提高了。但是，及时发货率是否真的是 95% 以上，那就不一定了；相关人员是否应该拿到规定的奖金，也就更不好说了。

本案例不免让人想起一句管理界的名言："You get what you measure"，即"你会得到你考核的指标"。其含义是，如果管理者一直强调并考核某个指标，这个指标往往就会达到你要的这个值。比如，你强调准时上班并要求员工打卡。那么，这个指标慢慢就会达到你要的那个值，至于员工是否真的准时上班了，那就不一定了。

本案例中的企业管理者，针对新系统新机制带来的新问题，又增加了人工回访客户环节，每月抽几个客户，专人电话回访客户，了解销售的服务情况，同时也借机了解有无未及时交货的情况。

4.2　持续优化：保持做正确的事、正确做事的能力

端到端流程优化的主要诉求是面向需求提出者，从根本上考虑满足需求的整体最佳方案。同时，也要从管理者的角度，基于"平衡原则"决定最终的优化目标。持续优化一般可以从结构性优化和绩效性优化两个视角切入，如图 4-18 所示。

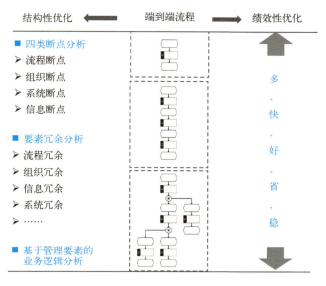

● 图 4-18　流程优化分类

● 结构性优化（跑得通，转得动）：从端到端流程能否顺畅运行以及相关管理要素是否有冗余的角度进行优化分析的方法，称为结构性优化。此时，优化的重点是"跑得通，转得动"和"要素的精益化"。另外，在考虑要素是否有冗余时，其实也在考虑要素间是否有冲突，这两者是分不开的。比如，同一流程步骤上有两条类似的制度条款，而且这两个制度条款明显有冲突，那么这两个制度条款就是冗余的，要么全去掉，要么去掉一条，绝不应该同时匹配两条有冲突的制度条款，让执行者无所适从，给管理体系带来混乱。

● 绩效性优化（转得好）：主要解决"转得好"的问题。从端到端流程整体绩效的角度进行优化分析的方法，称为绩效性优化。端到端流程的绩效一般分为多、快、好、省、稳五类。而对于同一条端到端流程来说，并非这五类绩效都要达到最佳，甚至并非这五类绩效都要监控。有很多端到端流程中可能只需要关注这五类绩效中的一部分。基于绩效的优化，可能会带来流程的再造。

● 结构性优化和绩效性优化的关系：这两种优化分析方法的侧重点有所不同，但相互间也有关联，不是绝对割裂的。一般情况下，结构性优化都会改善流程的绩效；而基于绩效进行优化分析时，有时也会用到结构性优化的方法。两者最大的区别在于结构性优化一般不涉及流程的再造，而是基于已有的流程进行分析，确保其在"跑得通，转得动"的情况下，采用最为"精益化"的管理要素。而绩效性优化可以基于现有流程进行改进，也可以彻底推翻或局部推翻现有流程，重新设计新的流程。

流程结构性优化分析法

1. 断点分析

- **流程断点**：除起始触发点之外，如果一条"端到端流程"中间还存在独立触发点，这些独立触发点即称为"流程断点"。流程断点不一定是错误的，有时甚至是故意设置的。但流程断点是需要重点关注的。

- **组织断点**："端到端流程"中的某一个"流程步骤"，如果最终没有明确和落实到具体的岗位和用户，这种情况就称为"组织断点"。

- **信息断点**：如果"端到端流程"中某一个"流程步骤"的输入或输出信息来源不明确，或者去向不明确，这种情况下就存在有"信息断点"的可能，需要加以分析和确定。

- **系统断点**："端到端流程"中某一个信息化系统中执行的"流程步骤"，如果最终没有明确和落实到某个具体系统的操作界面，则存在"系统断点"的可能，需要加以分析和确认。

2. 冗余分析

冗余很可能会有冲突，当然也可能不会有冲突，只是多了、重复了。对要素的冗余性进行分析，除了提高要素的维护效率，降低维护成本外，还要防止有冲突。那种一个"流程步骤"上挂了多个"制度条款"且相互冲突的情况，对于企业管理来说是要极力避免的。

- **流程冗余**："职能流程"名称中的动词和名词一样，通过场景拆分为不同的"职能流程"的情况，需要特别关注是否有冗余现象。比如<车间一设备检修流程>、<车间二设备检修流程>、<车间三设备检修流程>。这种情况要分析一下，是否可以通过流程变体的方式进行合并，或者这些"职能流程"是否本身就是一条。

- **组织冗余**：一个"流程步骤"有多个"岗位"来执行，又没有明确的"授权条件"加以区分，这种情况需要关注是否有组织冗余现象，这很可能导致责任不清，也可能导致模型在落实到 IT 系统运行时，不知给谁发送待办事项的问题。

- **信息冗余**：在一条"端到端流程"中，如果完全相同的"管理记录"需要多次输入，则很可能存在信息的冗余。比如，办一个手续，《学历证明复印件》需要在不同的环节递交 5 次，那绝对是属于信息冗余的，当然有冗余并不一定可以优化。在人工作业的流程中，可能存在《学历证明复印件》不交 5 次不行的情况，而如果通过信息化的手段实现了各部门的信息共享，则递交 5 次的问题可能可以解决。

● 系统冗余：一个"流程步骤"对应多个"应用系统"或者同一份"管理记录"，在不同流程体系的不同"流程步骤"中，通过不同的"应用系统"录入，这些都属于系统冗余现象。

对于要素级别的冗余分析，有一整套的分析思路。本质上，任何一个管理要素，如果没有被别的管理要素引用，都可能存在冗余现象。比如，一个"管理记录"从未被任何"流程步骤"和"规则视图"中的管理文件引用，那么，这个"管理记录"可能根本没有存在的必要。

当然，这些分析方法应基于管理体系模型，通过数字化的平台进行自动分析，靠人工是很难进行如此细致的分析的。

3. 基于管理要素的业务逻辑分析

在 3.1 节介绍各类管理要素时，提到过很多基于管理要素的逻辑分析方法，这也是 EBPM 方法论流程结构性优化的重要组成部分。详情请参见 3.1 中各要素的说明，这里就不再重复了。

流程绩效性优化分析法

EBPM 方法论的流程绩效性优化分析法，都是借助流程还原技术来开展的。

如 4.1 节对流程监控体系的介绍，EBPM 方法论针对流程还原研究出了流程可视化方法、流程比对方法和流程量化评价方法。其中，流程可视化方法、流程比对方法主要用到治理阶段的监控中。而本小节重点介绍的是如何借助流程还原技术进行流程量化评价的方法。

1. 流程量化评价方法

结合监控分析需求，研究流程量化评价方法，主要包括流程执行效率分析、流程质量分析、组织关系分析和风险管控情况等。

➢ 并发效率分析

并发效率 =（流程实例的结束时间−开始时间）/各环节时长总和。

并发效率可以反映业务执行中的环节并发执行和等待浪费的情况。并发效率大于 1 时，表示业务执行过程中存在等待；并发效率小于 1 时，表示业务中并发环节较多。

通过计算流程的并发效率，可以有效定位低效业务区域。此外，以时间分组计算各期间的并发效率，如果发现明显变化则表明该期间流程进行了较大调整，可以还原 BPMN 模型观察业务具体调整情况。图 4-19 所示为流程串改并调整示例。

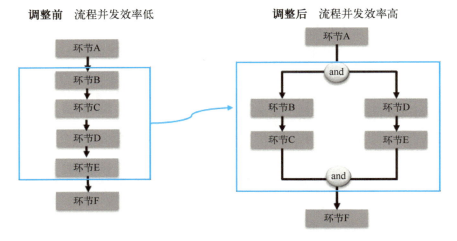

● 图 4-19 流程串改并调整示例

➢ IEP 分析

IEP（流程实例评价得分，Instance Evaluation Point）从时长、环节和路径三个维度对流程实例进行量化评分，通过数据挖掘的方式定位执行异常的流程实例。IEP 与传统指标评价框架的区别在于，它不需要输入任何阈值。IEP 以寻找异常为目标，使用数据挖掘算法，定位时长、环节和路径三个维度中表现异常的实例。

IEP 的评分区间为 0～1，得分低的实例可能存在耗时异常（耗时过长或过短）、环节流转异常（例如，一般情况为有且仅有 A->B 的流转方式，当某实例出现 A->C 时，其 IEP 评分将较低）、环节的执行组织异常（例如，A 环节一般由甲组织执行，而某实例的 A 环节由乙组织执行，其 IEP 评分将较低）、具有罕见环节（例如，某实例出现 A 环节，A 环节在其他实例中并不存在，该实例 IEP 评分将较低）等现象；得分高的流程实例则耗时正常、环节流转方式常见。

观察图 4-20 给出的示例可以看出，随着 IEP 的分值提高，流程环节的流转方式也逐渐清晰。通过 IEP 分析，筛选得分低的实例可以分析异常耗时、异常流转方式等信息；反之，筛选得分高的实例，可以分析流行路径（大多数实例都采用的流转路径）、正常耗时等信息。

➢ 环节象限分析

采用环节的最长耗时与耗时变异系数作为象限的横纵坐标，可以反映环节效率与质量情况。

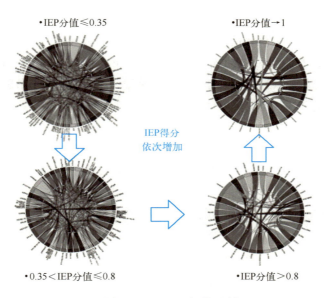

图 4-20　IEP 表现示例

　　如图 4-21 所示，对第一象限中耗时长、耗时波动性较大的流程步骤应重点优化；第二象限中耗时长、耗时波动稳定的流程步骤有优化空间；对第三象限中耗时短、表现稳定的流程步骤，保持现行水平；对第四象限中耗时短、耗时波动性较大的流程步骤酌情优化。

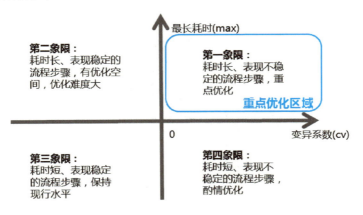

图 4-21　环节象限分析

　　通过象限分析定位效率和质量较差的环节，优先对这些环节进行进一步调研、整改与提升，流程优化将事半功倍。

➢ 回退分析

流程回退是指业务执行过程中存在重复执行已完成环节的情况。主要有两种表现方式：一种是在审核不通过的情况下出现；另外一种则表现为在执行某环节时发现之前已完成的环节执行质量较差，需返工重做，属于非审核环节的回退。所以业务执行过程中是否存在回退现象体现了流程执行的质量，可以采用"工单回退率"进行衡量。

通过对业务数据进行还原，定位重复执行环节及主要回退场景，明确流程执行问题，发现流程执行质量灾区，为流程优化提供准确目标。流程回退示例如图 4-22 所示。

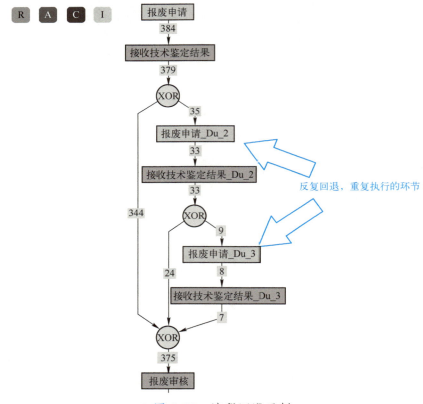

图 4-22　流程回退示例

➢ 风险管控分析

在实际业务中，价值创造环节是执行类（R）环节，审批类（A）、咨询类（C）环节为风险管控环节。通过流程还原与文本识别对执行流程进行 RACI 识别。

通过评估 A、C 类环节的必要性剔除非必要环节，可以实现流程的优化；通过检查 A、C 环节对风险控制点覆盖情况，可以分析风险是否得到有效控制，如图 4-23 所示。

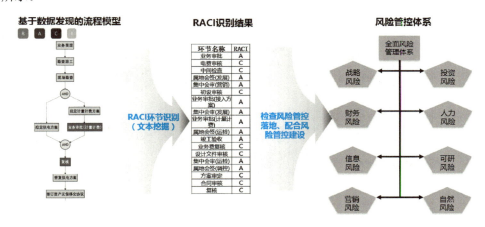

● 图 4-23　风险管控分析

➢ 组织效率与关系分析

组织效率分析主要从与其他组织的交互数量、组织参与的流程环节时长总和及组织参与环节的数量三个方面进行衡量，并以组织象限图和组织关系分析图的形式展现。

如图 4-24 所示，在组织象限图中，X 轴为组织执行时长评分，为组织参与的环节用时总长；Y 轴为与其他组织的交互评分，表示组织间的协同性；象限中点的大小表示各组织参与环节数量的多少。因此，组织落入平面第一象限表示与其他部门交互多、执行时间长的组织；第二象限表示与其他部门交互多、执行时间短的组织；第三象限表示与其他部门交互少、执行时间短的组织；第四象限表示与其他部门交互少、执行时间长的组织。第一、四象限的组织对流程表现影响较大，应予以重点关注。

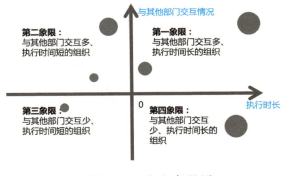

● 图 4-24　组织象限图

组织关系分析主要体现了业务执行时在各组织之间的流转情况与执行耗时情况。如图 4-25 所示，组织节点的大小表示其在该业务中参与环节的平均用时的长短，深色连线表示组织关系交互的主路径。

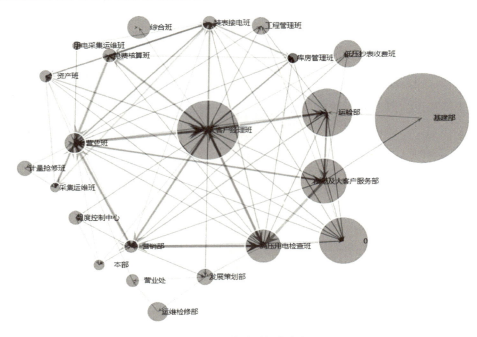

● 图 4-25　组织关系分析图

通过组织效率分析与组织关系分析，定位流程中参与环节多、与其他组织交互复杂、执行耗时长且不稳定的组织，发现组织的职责分配不合理、执行效率低下等问题。

2. 流程优化分析方法

在上述流程量化评价结果的基础上，再结合其他流程优化方法，可以对流程，尤其是端到端流程进行更为深入的优化分析。

➢ DMAIC 分析法

DMAIC 是精益六西格玛管理中最重要、最经典的管理模型和操作方法之一，一般用于对企业现有流程的改进。此方法不会涉及大的组织变革和流程变革，对企业冲击相对较小，相对比较容易实施。

➢ 标杆瞄准法（Benchmarking）

标杆瞄准法（即设定流程目标）瞄准一定组织范围内或某一个领域内表现最优

秀的企业或平均水平，将其作为标杆进行比较，测量出差距，确定改进目标。

▸ 鱼骨图分析法

鱼骨图分析法能够层次分明、条理清楚地展示出导致问题的因素。生产型企业一般从六个维度、服务型企业一般从四个维度进行问题分析，如图 4-26 所示。

▸ ESIA 流程优化方法

● 消除（Eliminate）：主要是针对多余环节、过度控制和时间过长等现象进行消除。

● 简化（Simplify）：主要针对环节耗用时间、环节处理过程及表单无用信息进行简化。

● 整合（Integrate）：主要针对岗位工作进行整合，对信息数据进行集成。

● 自动化（Automate）：主要针对数据收集、传输及分析等工作采用信息化手段。

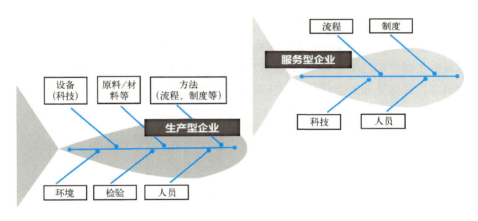

● 图 4-26　鱼骨图分析法

应用案例——200 多条开票流程是怎么来的？

某公司在引入 EBPM 方法论，梳理并构建完成"二维流程架构"后，发现在"职能流程"池中的<开具发票流程>居然有 200 多条。当然，这些流程前面都有场景加以限定，诸如<产品 A 发票开具流程><地区公司 B 发票开具流程>之类。

经仔细分析，发现造成这种情况的原因居然是该企业有很强的"端到端流程"意识。该企业在实施信息化系统时与一般的企业不同，不是以"采购管理系统""销售管理系统""人事管理系统"这样的专业系统为单位逐一实施，而是以"端到端流程"为信息化实施的对象。

该企业信息化的过程是梳理一条"端到端流程"，然后基于同一个技术平台定制开发一套对应的信息化"端到端流程"。按该企业的说法就是："梳理一条，开发一条，上线一条"。这样，慢慢构建起该企业现有的运营核心流程的信息化系统。问题是，很多"端到端流程"都有同样的功能片断，如<开具发票流程>。由于完全按"端到端流程"进行梳理和开发，没有很好地管控这些"端到端流程"中共性的"职能片断"，所以前前后后开发了 200 多条<开具发票流程>。这当然造成了很大的浪费，而且对于后续运维和系统集成也带来了很大的麻烦。

该企业后来分析提炼出 56 种不同的发票开具场景，相应地整合开发了 56 条<开具发票流程>，从 200 多条到 56 条，精减了大量的"职能流程"，也意味着极大地降低了其 IT 系统的操作复杂性。

从本案例可以看出，现代企业是一个分工协作的组织，"分工"和"协作"这两个维度都很重要。只考虑体现协同的"端到端流程"，不考虑体现分工的"职能流程"，就会造成职能的重复：如果是人工作业，就会直接带来人工的浪费；如果是 IT 系统，就会造成功能的重复开发。这些都会直接给企业带来损失。同样，如果只考虑体现分工的"职能流程"，不考虑体现协同的"端到端流程"，则会造成职能和部门的壁垒，使得企业的运营体系运转不畅，效率低下。

第 5 章

EBPM 方法论的
大型实践案例

5.1　某电力企业"一体化管理体系"实践案例

案例背景

本案例中的企业是一家大型电力企业集团下属的地区公司。该企业在引入和实践 EBPM 方法论的过程中，管理诉求发生了四次变化，或者说满足了来自四个方面的管理需求，整个过程充分体现了 EBPM 方法论"一体化"和"结构化"的优点，很好地适应了企业的快速发展和变化。

最初，该企业引入 EBPM 方法论和相应工具是为了实施 ERP 系统，用这套方法和工具来构建 ERP 系统的蓝图流程，这是第一个管理诉求。之后，随着企业内外部经营环境的变化，集团公司先后提出了标准化体系建设、"三集五大"体系建设、"五位一体"协同管理机制建设等要求，EBPM 方法论和工具有效地支撑了这些管理需求的实现。

标准化体系构建

1. 项目背景

ERP 系统实施完毕后，正当相关人员在讨论如何推广应用这套方法论和工具时，该企业所属的集团公司启动了标准化体系建设工作，要求所属各企业全面梳理和完善由《技术标准》《管理标准》和《工作标准》构成的标准化体系文件，夯实企业管理的基础。

2. 面临的挑战

这是一个浩大的工程，是对管理要求的全面梳理。其中最具挑战的是《工作标准》的编写。《工作标准》是对每一个岗位相关管理要求的全面描述，包括岗位职责、权限、岗位所涉及的工作流程（程序）和作业标准，以及岗位工作需要遵从的法律法规、规章制度、管理标准、技术标准、作业指导等。

工作标准体系建设，涉及企业所有岗位，如果由人工编写，就需要各部门、各岗位全员参与，建设难度较大。人工编撰的《工作标准》很难与《管理标准》《技术标准》及实际的业务活动和组织架构实现紧密且动态的衔接，一旦组织架构或岗位设置发生调整，或岗位分工、业务流程、规章制度、考核要求等岗位相关要素发生变化，人工编撰的《工作标准》就很难及时、准确、全面地进行更新。实现《工作标准》动态管理，是企业推进标准化体系建设中普遍存在的一个难题。同样，当《技术标准》《管理标准》有所调整时，人工编撰的《工作标准》也很难完全、同步地进行更新。企业内的员工戏称《工作标准》是"过去时",是对"过去"工作要求的说明。因此,员工在实际工作中往往会脱离《工作标准》进行工作,这就出现了《工作标准》与实际执行"两张皮"的脱节现象。久而久之,《工作标准》逐渐被束之高阁,从而失去了其在管理中的真正价值。

3. 解决方案

为了解决上述问题,就需要实现组织机构、业务流程、管理要求和工作标准的协同管理、动态更新。此时,该企业的管理者想到了 EBPM 方法论和相关工具。在博阳精讯团队的帮助下,他们仅用半年左右的时间就构建了一套以业务流程为纽带的"三大"标准协同管理的标准化管理体系。通过建立岗位、角色和流程之间的关系,将岗位职责落实到流程环节,减少了责任盲点,通过软件平台自动导出《工作标准》的方式,实现了工作标准体系的动态更新与完善。

整套方案中,"角色"这个管理要素起到了关键性的作用。传统的流程描述是将组织或岗位与流程步骤直接关联并描述在一起的,即流程图中到处体现了组织的信息。比如,"某某岗位的人做某事",甚至某个流程步骤直接描述成"某某岗位做某事"等,具体如"财务处审核单据""部门经理制定计划"等。这样,一旦组织结构或岗位职责发生调整,就会引出修改流程图及相关说明的需求,说得直白一点,就是组织一有变化,流程图就得重画。EBPM 方法论所强调的"角色"就是要实现组织与流程的松耦合,从而实现制度、管理标准、技术标准、流程、绩效等要素的动态关联和协同管理。

4. 应用效果

该企业以流程体系建设为基础,以流程为核心匹配岗位、制度、技术标准、考核指标等,建立了基于流程的管理体系动态更新机制。当管理要求发生变化时,及时生成《工作标准》《岗位手册》《流程手册》等管理文件,从体系建设源头减少"两张皮"现象。当时该公司运检部主任曾这样感叹道:"新模式下,如果组织结构或业务发生调整,很快就可以完成一套流程的适应性调整、制度标准的匹配,完成新岗位手册、工作标准的输出。员工来到新的岗位上,即便没有人指导,也能很快清楚每项工作如何推进、工作的具体标准是什么。"

"三集五大"体系构建

1. 项目背景

刚完成标准化项目不久,该企业所属的集团公司又启动了"三集五大"项目。

"三集五大"是指：实现人、财、物集约化管理，构建大规划、大建设、大运行、大检修、大营销的管理体系。"三集五大"是为了实现集团化运作、集约化发展、精益化管理、标准化建设的管理目标而在全集团内部署实施的体制机制变革。

2. 面临的挑战

"三集五大"建设涉及业务重组、机构调整、人员调配、流程调整，等等，无疑是管理方式的一次根本性变革。这对于任何一个企业来说都是极具挑战的。其中一个很具体的问题就是：组织、岗位、人员和职责发生较大调整后，原来的规章制度，特别是刚梳理完的标准化体系文件又要重新改一遍。在落实新的组织体系的同时，完成配套管理要求的修改，对于任何管理团队来说，都很难同时兼顾好两项工作。

3. 解决方案

前期基于 EBPM 方法论构建的管理体系模型很好地解决了这一问题。依据"三集五大"机构调整方案，调整组织架构模型是本项目的主要工作，也是费时最多的工作。之后的事对该企业来说就相对容易了。因为，虽然组织架构发生了较大变化，但业务流程变化并不大。比如，该企业在"三集五大"体系建设过程中，"设计评审业务"由供电单位调整到了新组建的经研院。按照以往的方式，该专业员工需要梳理新岗位相关的业务流程、工作要求等，耗时费力，效率不高。借助基于 EBPM 方法论构建的平台，采用模型中<角色>的建模功能，将<项目评审角色>由供电单位相关岗位调整为经研院项目评审相关岗位，系统就会自动导出新岗位的《岗位手册》和《工作标准》。新组建的经研院开展工作时，相关岗位很快就可以拿到新的手册，熟悉自己的岗位职责、工作事项、工作要求等，快速适应新岗位、新工作要求。

4. 应用效果

在不到半年的时间里，该企业就高标准、高质量地初步建成"三集五大"体系，完成所有《工作标准》《管理标准》的更新工作。

同时，该企业还引入了 EBPM 方法论中的"二维流程架构"理论，完成了新体系下的端到端流程梳理工作，有效消除了流程衔接的断点和制度盲点，实现了整体业务流程的贯穿和跨专业、跨层级、跨单位、跨岗位的协同，体现了本部和基层各岗位的业务环节，促进了整体业务的协调统一。例如，<基建项目端到端管理流程>贯穿规划、科研、前期、投资决策、开工、建设、竣工等各环节，涉及 27 条流程、110 个流程接口。通过端到端流程梳理，整体优化了从项目需求提出到项目竣工验收完成的完整业务流程，实现了不同专业之间管理的有效协同。该企业的某位副总工程师认为:"端到端流程的梳理使业务流程'公路网'实现了纵向、横向的贯通。"

"五位一体"协同管理机制构建

1. 项目背景

"三集五大"体系初步构建完成后,集团公司又提出了新的工作重点,即在新的运行机制下构建"五位一体"协同管理机制。所谓"五位一体"是指通过流程、职责、制度、标准、考核等机制建设,将组织架构、业务模式、业务流程、制度标准、绩效考核等固化到企业日常管理与员工日常工作中,促进"三集五大"体系高效运营。

2. 面临的挑战

通过前期的"标准化"项目和"三集五大"项目,该企业已构建了一套基于流程的管理要素"一体化"和"结构化"管理模型。此时,对于集团兄弟公司面临的问题和挑战,该企业欣喜地发现自己内部基本不存在。那么,集团内的兄弟公司面临什么样的挑战呢?

挑战一:文档化撰写的职责、制度、标准、考核(绩效)没有与流程实现动态的关联,梳理整合很困难,管理体系多为孤岛,无法形成管理合力。

挑战二:需要分别对职责、制度、标准、考核(绩效)和流程这五个要素进行梳理和优化,然后再构建"五位一体"机制,如果通过文档化的工具平台来开展,将非常吃力,其准确性和科学性也很难保证。

事实上,集团总部也认识到"五位一体"在落地过程中的方法论和工具问题。集团公司发现引入 EBPM 方法论和工具可以很好地支撑这一管理理念的落地。所以,总部决定在全集团范围内推广这套工具和方法。

3. 解决方案

集团总部在全集团推广的"五位一体"建设方案包括:建立由流程地图、流程区域、流程群组和业务流程四个层级组成的职能流程架构,由流程责任部门识别流程的起点和终点、关键业务活动及流程接口,匹配规章制度、技术标准、组织岗位、业务表单、应用系统、绩效指标等管理要素,构建"一体化"的管理体系模型。

4. 应用效果

基于"管理要素"构建的"五位一体"模型和信息化工具平台,以流程为核心,分析相关管理要素，促进各管理体系实现"自完善"，有效提升了企业各类管理体系建设的协同能力。

通过流程与岗位的匹配度分析，有效验证了岗位设置的科学性；基于风险控制要求，评估流程中是否存在"不兼容"岗位职责的情况。通过引入基于流程的角色设计方案，每个岗位可承担多项工作任务，每类工作任务形成一个角色，角色对应流程节点，若干角色又汇成岗位。岗位职责发生变动时，不需要重新调整流程，仅重新匹配岗位对应角色即可，实现了岗位职责的动态调整。

通过流程与制度、技术标准的匹配度分析，能够检验制度、技术标准是否存在重复、遗漏、冲突的情况。比如，通过制度与流程关联，发现制度缺失问题，即流程关键业务环节没有对应制度；发现制度冲突问题，即同一环节对应的制度要求不一致，存在制度条款之间的冲突和矛盾；发现制度模糊问题，即业务环节对应的制度条款定义不清晰；发现制度与流程执行不一致、制度不符合风险与控制管理要求等。通过基于流程的制度分析，发现和解决制度体系存在的问题，从而促进制度体系持续完善。

引入流程绩效管理理念，开展全员绩效管理。将"自上而下"战略分解法和"自下而上"流程分析法相结合，构建覆盖全业务、全岗位的流程绩效指标体系。

通过端到端流程纵向穿透和横向链接，打通专业、部门、层级壁垒，实现以流程为核心的专业、部门、层级间协同运转，有效推动企业从职能管理向流程管理转变。通过对流程效率、效益的监控和考核，发现和消除流程运行过程中的"阻滞点"和"风险点"，加快企业价值链流转速度，提升企业管理"合力"。

5.2　某制造企业构建"端到端流程"管理体系实践案例

企业的管理诉求

本案例发生在一家制造型企业，该企业现有的流程体系基本上是按"职能流程"构建的，所谓的流程优化也是基于"职能流程"展开的，比如曾经开展过采购流程优化项目。企业有端到端流程的基本思想，但没有完整的理论和方法，所以没有进行过真正意义上的端到端流程梳理和优化。

随着企业的发展，对于一些核心业务的管理要求越来越高，企业管理者迫切需要构建一种更为高效和科学的企业运营体系管理和优化方法和机制。因此，该企业导入了 EBPM 方法论，并通过对两条核心端到端流程的梳理，构建了企业内部一套端到端流程的管理机制。

原先存在的具体问题

1）对于"端到端流程"的串联机制理解错误，通过信息输入输出关系串联端到端流程，无法构建一套清晰的"端到端流程"模型。

2）流程优化往往局限于"职能流程"，没有真正打破部门和职能壁垒，没有显性化一套纵向到底、横向到边的运营体系。

3）没有一整套科学的基于"端到端流程"的整体优化方法。

4）没有基于"端到端流程"整合和优化各类管理要素，流程与制度中的各项管理要求有脱节现象。

构建"端到端流程"管理机制

1. 确定"端到端流程"管理的范围及其边界

本案例中，企业首先明确了其项目范围是将两条重要的端到端流程"理清楚""管起来"，并构建"持续优化"机制。这两条端到端流程如下。

- ● <物资管理端到端流程>：通过与相关职能部门讨论，定义该端到端流程的起点是<采购申请流程>，终点是<仓储配送流程>。整条端到端流程涉及<采购申请><采购计划><招投标><合同签订><物资入库><发票校验><采购付款><物资领用><仓储配送>等职能流程。
- ● <订单履约端到端流程>：通过与相关职能部门讨论，定义该端到端流程的起点是<销售订单签订流程>，终点是<产品配送发货流程>。整条端到端流程涉及<销售订单签订><生产计划><生产备料><生产制造><产品入库检验><产品配送发货>等职能流程。

2. 利用"管理痕迹"和"系统还原技术"梳理端到端流程

确定目标后，项目组并没有马上开始绘制流程图，而是基于 EBPM 方法论的基本原则，梳理上述两条端到端流程所有相关的"管理痕迹"。

对于系统外作业的环节，收集所有相关的"管理记录"；对于系统内作业的环节，直接利用 EBPM 平台的流程还原技术，还原相关流程。这些收集到的"管理痕迹"，是下一步构建当前端到端流程模型的依据所在。这样操作的好处是对于当前流程的梳理是有依据的，避免直接开始进入讨论环节。因为很多情况下，与业务人员讨论流程现状时，参与的人员往往会按照"应该如何做"来反馈流程现状，而不是完全按照"现在是如何做的"来反馈，有时甚至业务人员本身也不完全清楚现状。

因此，对于现状的梳理，必须基于"管理痕迹"，有"管理痕迹"的环节才会作为一个显性化的"流程步骤"，没有"管理痕迹"的，无须争论是否有此"业务活动"，直接不作为"流程步骤"纳入流程模型中即可。这样也便于发现"流程步骤"是否有缺失。

3. 构建"二维流程架构"模型

基于第二步中梳理的成果，结合调研和讨论，先基于一套完整输出的原则，分解出相应的"职能流程"并构建详细的末级流程图；然后从"职能流程池"中选择相应的"职能流程"，构建<物资管理端到端流程>和<订单履约端到端流程>这两个端到端流程的模型。

4. 整合"管理要素"和"管理体系"并进行结构性的优化分析

对上述两条<端到端流程>所涉及的流程和制度进行整体分析。构建与这两条<端到端流程>相关的制度模型，并将"制度条款"与对应的"流程步骤"进行匹配。

本案例中着重对制度这个"管理要素"进行了优化分析。进行相关分析后，发现存在以下几类问题。

- 制度缺失：有的"职能流程"无制度、无管理标准支撑。从目前流程与制度匹配度的分析结果看，隶属于流程区域、主流程、流程分类的制度不少，但是很多制度并不能适当地匹配到具体流程中。大多数制度并没有针对流程步骤提出要求，而是从业务工作整体层面、宏观角度进行了要求，缺少与流程业务本体相对应的专项管理制度。总之，企业现有的制度大多是在较为宏观的层面提出原则性的要求，很少涉及具体的工作。

- 制度冲突：多个制度内包含对同一流程（步骤）内容要求不一致的规定。冲突规定的情况，主要是指现有流程环节对立制度要求不一致，存在执行上的冲突甚至是矛盾。例如，在物资采购合同变更流程中有关合同变更限额的规定上，《物资合同管理规定》与《物资采购合同管理办法》这两份制度存在管理要求上的冲突。就物资合同变更而言：采购数量变更是物资采购合同需要发生变更的原因之一。目前《物资合同管理规定》中规定合同数量变更的限额为 15%，而《物资采购合同管理办法》中规定的合同数量变更限额为20%，这两份制度间存在矛盾。这两份制度是由不同的部门在不同的时间点发布的，现在都还处于有效状态。

- 制度模糊：流程关键业务环节无制度和管理标准支撑；关键业务环节对应制度条款定义模糊。在进行物资管理制度分析时，发现一个比较突出的问题，制度中针对具体业务要求的管理规定比较模糊，经常出现"重大""必要时"

等限定条件，但在具体规定中又缺少对此类词汇的明确界定和业务权限说明，会导致相关业务环节无法准确、有效执行的情况。

基于上述发现的问题，项目组召集相关人员，对现行的这些制度进行了修正和优化。主要是：补充更多具体的管理要求；将有冲突的制度加以调整和合并；去除模糊性的要求，增加具体的场景或限定条件。

5. 端到端流程跟单测试

基于梳理并构建完成的端到端流程模型，进行"跟单测试"。即抽取几个实例，根据模型，从开始至结束，跟踪所有"管理痕迹"，以检查梳理的流程与实际运行的流程是否一致，梳理的流程是否"跑得通，转得动"。项目组在对流程"跟单测试"时，发现了以下问题。

- 物资采购有未签合同已采购现象。
- 物资领用、验收和签收有记录缺失现象。
- 报废物资有长期堆积未处理现象。
- 销售有未签合同已排产现象。

基于上述问题，该企业强化了相关制度和监控手段，特别是在流程监控分析环节增加了相应的监控分析。

6. 绩效性优化

完成端到端流程梳理、端到端流程绩效指标识别之后，基于构建的端到端流程模型，利用流程还原技术，对本案例中的两条端到端流程进行还原分析。

➤ 确定分析指标

比如，<订单履约平均时间>是<订单履约端到端流程>的核心指标之一。针对此指标，首先识别从哪些业务执行系统（如 SAP、ERP 系统）提取哪些数据（如订单号、客户名称、客户类型、订单签订开始时间、订单签订结束时间、生产计划开始时间和生产计划结束时间等），并确定取数规则。通过系统集成或者数据交换的方式，将业务执行系统中的业务数据导入 EBPM 平台，通过流程还原技术进行流程还原。

依据端到端流程逻辑，识别能够串联各流程步骤的关键数据字段（如订单号、订单签订开始时间、生产计划开始时间等），在 EBPM 平台中配置业务数据和业务流程之间的映射关系，确保业务数据可以直观地以 EPC 流程图的形式进行还原展示。

➤ 绩效指标与分析维度配置

根据指标定义及其计算公式，在 EBPM 平台中运用其自带的运算符及运算对象配置指标（如订单履约平均时间）的计算公式，设置指标计算条件，实现绩效指标的自动计算。

结合流程绩效分析需求，配置各种分析维度（如客户类型、管理区域等），实现绩效指标的多视图、多维度展示。借助 EBPM 平台系统的流程挖掘功能，自动进行绩效指标影响性分析，快速定位问题指标的影响因素，找到问题所在，为流程优化提供支持。

➤ 流程绩效展示与预警

分层级构建流程绩效监测界面，从宏观至微观展示流程绩效执行情况。第一层一般是端到端流程绩效展示，对应公司级绩效。第二层一般是流程绩效展示，对应部门或岗位绩效。通过设置组织、时间等过滤器，监控不同时期内各分公司的绩效指标，展示绩效指标同比或者环比情况。

根据工作质量及效率要求，对关键指标进行阈值设定，当指标接近或超过阈值时，通过邮件或短信等方式进行任务提醒，促使业务人员尽早处理相关工作，改善端到端流程绩效指标。

➤ 绩效分析与流程还原

对端到端流程绩效全面监控，快速定位异常指标及相关业务环节，从异常指标入手钻取直至末级流程。通过流程绩效分析及还原，对问题指标形成原因进行分析及追踪，快速定位导致指标异常的业务数据、相关负责岗位或部门。

通过监控发现，<订单履约平均时间>为 60.2 天。通过流程挖掘发现，河南分公司最长为 70.6 天，浙江分公司最短为 51.4 天；从客户类型角度分析，零售型客户最长为 103.5 天，集团型客户最短为 45.8 天。通过流程挖掘还发现，在生产计划、出库配送两个阶段耗时较长，其中，生产计划平均时间为 12.7 天，出库配送平均时间为 18.3 天。通过流程还原发现，河南分公司某员工负责的某订单，由于原材料采购质量出现问题，生产部门无法及时排产，导致生产计划阶段耗时 96.3 天，严重偏离生产计划平均处理时间。

➤ 标杆比较与流程优化

通过 EBPM 平台中的流程还原功能，将业务数据以直观的流程图形式进行展示。通过标杆比较分析功能，对表现较佳的和较差的流程进行详细比较，找出表现较差流程的业务瓶颈点，将改进措施落实到具体流程节点、相关岗位，从而指导流程设计和执行的改进，进入流程持续优化的管理闭环。

"端到端流程"管理机制的应用效果

1）通过对端到端流程的梳理，消除了各类断点，改进了管理薄弱点，确保流程纵向贯通、横向协同、整体协调。

2）通过端到端场景定义和端到端流程梳理，明确了针对不同物资和产品的端到端流程，便于需求人及时发起正确的端到端流程。

3）以"计划""采购""排产""配送"等重点管控环节为入手点，整合并明确主要管控要求，提高了端到端流程的整体执行质量，规避了某些经营风险。

4）增强流程执行者之间的协调与合作，进一步在端到端流程中清晰界定各组织间的工作职责与合作协调方式，并明确哪些业务是"委托"到外部实施的，增强了业务执行过程中各参与方的协调与协作能力。

5）对两条端到端流程的绩效进行了整体优化，提高了效率，降低了成本，更重要的是<订单履约平均时间>和<物资采购及时到位率>两个最重要的指标都有大幅提升。